鬱《うつ／DEPRESSION》を生きる思想

伊藤 益 著

北樹出版

目次

鬱《うつ》を生きる思想

序章　滅びつつ在る者のまなざし

1

もう二十数年以上もの時が過ぎた。後頭部にヘルメットを被っているような感覚にとらわれてから。爾来頭はつねに重く、心は押し拉がれたように暗い。稀に明朗な気分が湧くことがあっても、それはけっして長続きしない。一瞬の後には、全身が地の底に引きずりこまれるような感覚に襲われ、心は再び鬱々とした闇の中に閉ざされる。何をしていても、何を考えていても楽しくはない。むしろ、陰々滅々とした情調が常態化し、ともすれば、為すこと、考えることをいちじるしく阻害する。精神科の医師は、わたしのこうした在りようを「鬱病」と診断し、治癒のためのかすかなよすがとして抗鬱剤を処方した。抗鬱剤はある程度の効き目を発揮し、心身を蔽う疲労感の一部はたしかに取り除かれた。この薬を飲まなければ、心身に張りついた疲労が暗鬱な気分を強め、「滅び」への祈念を増幅させてしまう。この薬を飲んだところで一瞬のうちに気分が晴れるわけではない。だが、それでもわたしはこの薬に頼り続けた。心底に重く澱のように蟠る「疲れ」がわずかなりとも癒えるならば、「滅び」を求め続ける暗い情念から、ごく短い時間ではあれ、どうにか逃れることができるからである。

いったいなぜかくも陰惨な心の病に取り憑かれてしまったのか。直接の原因は不明としかいいようがない。精神科の医師もそれを究明することはできない。医師は人間であって、その有限性は彼（彼女）がすべてを知り尽くす超越者の視座に立つことを拒絶するからだ。ただ、病者であるわたし自身には思いあたることがいくつかある。一つは長女が生まれたことだ。生まれたばかりの長女、ベビーベッドで眠る子犬のように小さな彼女を、母（長女の祖母）からもらったオルゴールであやしているとき、「歌をわすれたカナリヤ」というメロディーが得体の知れぬ、しかも心の奥底に沁みいるような悲哀をもたらした。その悲哀は世界の相貌を悲しみに塗り潰し、世界に向き合うわたしの精神から日常の生活者がもつはずの「生きねばならぬ」という思いを剝落させてしまった。もう一つは当時暮らしていた南奥羽の街が、暗鬱な雪雲に閉ざされていたことだ。その街には根雪が積もるわけではなかった。冬場は毎朝のように降りしきる雪も、午後になると概ね融けてしまう。雪が心を重くするというような事態は起こるべくもないはずだった。ところが、わたしは、街全体を蔽う雪雲が自分の心に重くのしかかるような感覚を懐き、その感覚を逃れがたい負荷と感じてしまった。

誕生。それは、喜悦のもとにとらえられる事態でこそあれ、哀感や苦渋とは本来無縁なはずだ。ところが、長女の誕生はわたしにとっていいようもない重荷だった。なぜ喜ぶべきことが負荷となってしまったのか。いまだにその真因は分からない。ただし、そこにいわば逆説的な心情があったことはだけは、おおよその推察がつく。いささか口幅ったい物いいをするならば、わたしは責任感が強すぎたのだ。生まれたばかりの小さな生命、それを世間に対して恥ずかしくない正常な魂へと育て上げなければならない。しかし、世間というものの正体をいまだに理解できていない未熟者の自分にそのような大それたことができるのか否か。そうした思いが心の底を疼かせる、一種の実存的な不安となってわたしを襲った。過度の責任感に根ざした不安。それがわたしに「誕生」を重荷とする心性をもたらしたことだけはたしかである。そして、その「誕生」の時期が、丁度北国に分厚い雪雲が蔽う時節と重なった。北国にも必ず春はやって来る。冷静に考えれば、外部の景の憂鬱さは梅と桃と桜とが一斉に開花する春の到来とともに鮮やかに晴れるはずだった。ところが、責任性を感受するがゆえの不安に悶えるわたしの神経は、なぜか春の到来を予見できなかった。冬はいつまでも果てることなく続き、ベビーベッドに横たわる長女は永遠に泣きいさちることをやめない。そんな非論理的な思いがわたしをとらえ、不安は恐怖にも似た異常な情調へと転化していった。

もとより長女が憎かったわけではない。母親の乳房を求めて泣き、満たされればほほ笑みさえする彼女を、わたしはこよなく愛していた。だが、愛すれば愛するほど責任感は増幅し、いちじるしく不安を煽った。その不安のさなかに、否応なしに決定的な自立を促され、しかもそれに耐ええない自己が露呈してしまった。おそらく、わたしは「父」を自称するにはあまりに幼稚にすぎたのであろう。三十二歳。幼稚さのなかに己れを閉ざし、他者に甘えるべき年齢ではない。そのことを痛切に自覚するがゆえであろうか、父たる自己に対する否定的な思いが頭をもたげ、心底に食い入るような重圧をもたらした。事を責任性の負荷と解することは、実はたやすい。しかし、そのたやすさはいわば悟性の次元での安易さにすぎず、感性はそれを簡単に受け容れることができなかった。感性は叫んだ。俺は父たるに価しない人間だ、と。その叫びが身体の軸をゆり動かしたとき、わたしの精神は危殆に瀕していた。鬱の真因は分からない。それはただ超越者にのみ把握できる事柄であろう。ただし、間接的な原因は自明ですらある。すなわち、わたしは、「誕生」にまつわる責任性の負荷を一つの要因として鬱に陥ったのだった。

ここに一冊のアルバムがある。長女の誕生から小学校への入学までの姿を写したものだ。そのなかに、一葉のむごたらしい写真がある。片目を深紅に染めたわたしと長女が並んで床に臥している。長女は幼児特有の無垢なほほ笑みを浮かべており、わたしの顔面は蒼白に歪んでいる。妻がその写真を撮ったころ、わたしは原因不明の心臓発作に苦しんでいた。心臓が締めつけられるように痛み、鼓動が脈絡を欠く。わたしは這うようにして、北国の街のもっとも大きな病院の外来を訪れた。精密検査の結果、内科の医師は自律神経失調症という診断をくだした。要するに医学的にはどこも悪くないけれども、病の症状が顕在化しているということだった。わたしは育児を放棄して、その後の数日間を泥のように眠り続けた。眠ることによって、症状は改善するはずだった。ところが、地の底に吸いこまれるような眠りから覚醒し、つと鏡に向かい合ってみると、右目の結膜全体が真っ赤に色づいていた。いまにして思えば単なる結膜下出血であり、一週間もすれば自然に治癒するはずだった。しかし、心臓の発作に苦しんでいた当時のわたしには、それが重篤な不治の病のように思えた。眼科医のもとを訪れ、一本の太い止血注射を打たれ、それが原因で心臓の発作が昂じたとき、わたしは死を覚悟していた。一葉のむごたらしい写真は、そのときに妻が撮ったものだ。この子を遺して死んでゆかねばならない、という悲痛な思いが疼きのような感覚を伴いつつ心底を蔽っていた。馬鹿げた錯覚にすぎなかった。しかし、それはいたいけな長女とともに臥せった際の、わたしの偽らざる思いだった。

二週間ばかりのちに結膜下出血は完治した。心臓発作が起こる間隔も間遠になった。ほどなく春が訪れ、南奥羽の歯科大学での勤務も始まった。だが、重く澱んだ心は一向に晴れなかった。自律神経が変調をきたしているだけなのだ。そう自分に言い聞かせながら、わたしは教壇に立った。まっとうな授業はできなかった。ソクラテスから始まり、カントで終わるはずの授業はいちじるしく停滞した。責任の大半は、わたしの内面の鬱陶しい情調にある。塞ぎがちな神経が、ことばを澱ませ、聞く側に負担を与えてしまったのであろう、学生たちはがやがやと立ち騒ぎ、耳を傾けようとはしなかった。授業は虚しく空転し、時折発する「静かにしてほしい」ということばすらも、どこか虚ろな響きをもっていた。そのころ、勤務先の歯科大学はタイムカードを導入し、教員に月曜から土曜までの勤務を強いた（そして、出勤日数によって給与を査定した）。哲学という学問を志し、主として国立大学の哲学教師たちと交わって来たわたしには、研究は自宅でするものというイメージがあった。歯科大学はそのイメージを粉々に打ち砕き、わたしは不満を懐きながらも、一日八時間の勤務をこなさざるをえなかった。研究用の書籍の大半を研究室にもちこみ、週四コマの授業時間以外は読むことと書くこと、そして、考えることに費やした。自宅での研究を許されなかったこと自体は不快だったが、それは期せずして恵まれた時間となった。心底に渦巻く鬱屈を免れることはできなかったけれども、わたしはそれなりに心静かな思索のときをもつことができた。長女はすくすくと成長し、いつしか話すようになっていた。賃貸マンションを引き払い、一戸建の家を購入した。自宅近くの公園で遊ぶようになった長女は、いつまでも公園にとどまり妻の手を煩わせたが、妻が「もうすぐお父さんが帰ってくるよ」と語りかけると、目を輝かせて帰路についたという。そんな話を食卓で聞くとき、わたしはこのうえもなく幸せだった。心底の屈託は遠からず、跡形もなく消え去るように思えた。

ところが、そんな幸福なときが二年ほど続いたのち、わたしは唐突に腸の病にとらわれ、手術を余儀なくされた。一ヵ月ほどの入院で完治する軽い病だった。手術は入院後三日目に行われ、その後はただベッドに横たわり本を読んでいるだけだった。わたしは食い入るように『歎異抄』を読んだ。何度も繰り返し読むうちに、親鸞の言説が心に沁み入り、腸の病がもたらす苦悩はいつしか霧散していた。だが、奇妙なことに、異様な寂しさが心を侵した。病院の屋上に上がって北の方角を眺めると、冠雪した山並みが見えた。自宅はその山並みの向こうにあった。無性に帰りたくなった。ひとりで病院の個室に横たわっていることにまつわる単純な悲哀にとらわれたにすぎない。わたしはそう判断して、子どものようなその寂しさを自嘲した。寂しさは退院とともに消え去るはずだった。そして程なく医師の許可が下り、わたしは妻子に迎えられて無事に帰宅した。時は年末、南奥羽の街が重い雪雲に閉ざされるころだった。帰宅したわたしは、妻子とともに年越しができたことを喜んだ。病は癒えた。妻子は健康。妻の胎内の子も元気だった。わたしには、もはや何一つ思い煩うことはないはずだった。それにもかかわらず、なぜか病院で感じた寂しさは消えなかった。しかも、その寂しさは三年近くも前から引きずっていた鬱屈と重なり合い、わたしはいつしか一時も平静を保てないような心の混乱に陥っていた。

2

年が明けてまもなく妻は子を生むために、長女を連れて郷里に帰っていった。建坪四十五坪の家にひとり取り残されたわたしは、重苦しい寂寥のなかに閉ざされた。寂寥は日ごとに増し、やがてことばを奪った。一月下旬、歯科大学の定期試験のときだった。担当科目「哲学」の試験を主任監督として開始しようとした刹那、わたしは自身が尋常ではない情態に陥っていることに気づいた。「始めてください」の一言が喉元にひっかかり、ついに口から出てこなかったのである。試験開始時刻になっても教壇で沈黙したままのわたしを見て、副監督をしていた心理学担当の同僚は異状に気づいた。彼は、わたしを教室から追い出し、試験終了後半ば強引にわたしを精神科の医師のもとに連れていった。医師はわたしの情態を見て、即座に「鬱病」と診断し、抗鬱剤の点滴をした。薬は劇的な効果を示し、翌朝わたしは自宅の近隣を晴れやかな気分で散歩することができたほどだった。腸の病に取りつかれて以来停滞していた研究への意欲が再び頭をもたげた。その日からわたしは、「主体化される自然—萬葉人の自然観—」という論文を憑かれたような猛烈な勢いで書き始めた。不思議なことに食欲はほとんどなかった。身体は次第に痩せていったが、一日三度服用する抗鬱剤のお蔭なのだろうか、わたしは三年越しの鬱屈を忘れ去ったかのように、執筆に熱中し、二週間弱のあいだに百枚に及ぶ論文を仕上げた。満足感に浸った。何も恐れる必要はなかった。恩師に論文の完成を報告し、塙書房の『萬葉集研究』への掲載も決まった。ちょうどそのころ次女が生まれた。妻の郷里に出向き、産院で生まれたばかりの次女に対面したとき、わたしの心には喜びが溢れた。もはや何も思い煩うことはない、一家四人の明るい未来が開けている。そういう期待を懐きながら、南奥羽の街に戻った。

ところが、東北新幹線の車中で漫然と窓外を眺めていたとき、わたしはふいに、あの、心底に引きずりこまれるような寂寥を覚えた。列車を降りるころ、寂寥はどす黒い憂鬱へと転化していた。またしても責任性の負荷に取り憑かれたのだ。週に六日、九時～五時勤務を強いられ、しかも鬱病を抱えこんだ自分に三人の家族を支えることができるのだろうか。そうした疑念が重苦しい憂鬱となって、全身を蔽い尽くしていた。憂鬱を払い除けるために、駅ビルのとある居酒屋で酒をあおった。だが、酔眼の彼方に打ち払うべき憂鬱は、とぐろを巻く蛇のように首を締めつけた。頭蓋をヘルメットを被ったような感覚が襲い、酔いは、いっそう憂鬱を増大させた。翌朝わたしは精神科医のもとを訪れた。医師は前回と同様に点滴を打ってくれたが、憂鬱はまったく晴れなかった。明確に自覚できなくなっていた食欲もさらに減退した。以後、日中は大学の研究室でぼんやりと時間を潰し、夜は酒に頼る生活が続いた。すがるべきは、精神科医のみだった。明確な意図があってのことではなかったのかもしれない。何度も医院に通い、精神の不調をうったえるわたしに向かって、医師はいった。「先生（わたしのこと）ねえ、鬱病というのは本質的には治らない病気なんですよ。一生つき合ってゆく以外に手立てはない。でも、これは神が与えた病でもあるんです。天才には鬱病者が多いんです。ゲーテしかり、カントも、そしてわたしもそうなんです」と。

その刹那、わたしは、心の奥底に蟠る憂鬱から何かが解き放たれるのを感じた。ゲーテやカント、あるいは目の前の精神科医と同様に自分が天才であると信じたからではない。「つき合ってゆく」という医師のことばにある種の含蓄を感得したのだ。憂鬱は消えない。しかし、それは一種の他人ごとなのだ。わたしはそう感じた。すなわち、鬱病にとらわれている自分と、それとつき合っている自分とがみごとに分立した。鬱に嵌りこむ自分を冷静に眺める別の自己をもて。医師はそういっているのではないか、とわたしは判断した。医院を後にして駅前の居酒屋に入って、少量の酒を口に含んだとき、わたしはその判断に従いながら今後の生を構築することを決めた。すると、不思議な現象が起こった。ちびりちびりと酒を口に運ぶ自分が、憂鬱な情調に沈むもう一人の自分を静かに眺め、「お前は情けない奴だな。しかし、一生背負っていってやるよ」と呟いていたのだ。自我は自同律から解き放たれていた。「自分は自分であって自分以外の何者でもない」という命題が虚空に宙吊りになり、それにかわって「自分は自分ではない」という命題が脳裏に去来した。そしてさらにわたしは、「自分は自分であって自分ではないけれども自分である」という、いわば弁証法的思考が己れの精神の中枢に定位されるのを感じた。その瞬間、分立した一方の自分は、憂鬱な情調から解き放たれ、鬱病に取り憑かれた数年前から一度も体験したことのない心の軽やかさを覚えていた。それ以来、鬱に沈む自分を別の心静かな自分が客観的に眺めつつ、後者が前者を巧みに慰撫するようになった。

やがて、妻がお宮参りが済んだばかりの次女と三歳になった長女を連れて南奥羽の街に帰ってきた。鬱情態を完璧に克服できていないわたしは、長女のときのようには次女の育児に協力することができなかった。外界に対して明瞭な反応を示すこともなく、ベビーベッドに横たわっているだけの次女、自意識のかけらさえもない彼女は、動物的な本能の発露だったのだろうか、わたしがあやそうとすると火が点いたように泣き叫んだ。わたしは、彼女のおむつをかえてやることもできなければ、ミルクを与えることもできなかった。そうした状況のなかで妻は育児を一身に担ってくれた。夫が鬱病であるという事態は、妻に大きな精神的負荷をもたらしたに違いない。けれども妻は嫌な顔を見せることもなく、育児とわたしの介護に全力を尽くしてくれた。学生たちが春季の休暇に入っていることをよいことに、まったく出勤することもなく自宅で一日ぼんやりとして過ごしているわたしに向かって、彼女はまず早朝の一時間の散歩と五分間の読書を勧めた。すでに鬱病の自己を客観的に眺める分立した自己を保っていたわたしにとって、それはけっして無理な要求ではなかった。わたしは朝目覚めるとすぐに散歩に出、帰宅後は五分間のみの読書をこなした。妻は五分間の読書を十分間にするよう勧めた。これもほどなく可能になった。妻の勧める読書時間は次第に延長されてゆき、歯科大学で授業が始まるころには、わたしは一日四時間以上も読書をし、さらには物を考えることができるようになっていた。大学に出勤して授業もこなせるようになった。立ち騒ぐ学生たちを押さえ付け、一定の時間静謐を保たせる技量も取り戻すことができた。心底に蟠る憂鬱が晴れたわけではない。しかし、わたしは、一人前の大学教員としての外見を維持できるようになっていた。

それから二十数年が過ぎた。勤務先は、千葉の福祉系の大学から母校の国立大学へとかわり、住居も幾度か引っ越した。当時は、環境の変化は鬱病を悪化させる場合があるといわれていたが、わたしの場合、鬱情態がさらにひどくなる気配はまったくなかった。この間、わたしは精力的に仕事をし、大和書房から出版された処女作『ことばと時間―古代日本人の思想―』によって、日本倫理学会和辻賞を受賞した。その後北樹出版や集英社、筑波大学出版会などから次々と書物を上梓し、二〇〇七年までにその総数は十一冊に及んだ。仕事の内容がどれほどのものか、自分には分からない。上梓した十一冊のうちのいくつかはすでに絶版となっているし、様々な意味で不如意な本もあった。しかし、出版社がまったく無能な者に出版社の責任で（自費出版ではなく）本を書かせるということはありえないから、わたしにはすくなくとも出版社に大きな損害を出させないだけの本を書く能力があったと自負しても、あながち誤りではあるまい。その能力は、鬱病との葛藤から生じたもので、いわば、分立した書き手としての自己が、鬱病の自己と峻酷な対話を交わすことによって十全に発揮されたものといえよう。わたしは、自身の鬱病を巧みにコントロールする術を身につけ、それによって仕事を続けることができたのである。

鬱から距離を置く自己が鬱の自己を統御するということは、口でいうほど簡単なことではない。統御に費やさなければならないエネルギーは途方もないもので、ともすればそれは身体を地底に引きずりこむような疲労感をもたらす。そして、その疲労感を免れるためには抗鬱剤の服用を欠かすことができない。自我の分立以来、たしかに鬱情態はいくぶんか改善された。けれども、爾来二十数年にわたってわたしは抗鬱剤を飲み続けなければならなかったし、いまもまだ飲んでいる。南奥羽の街の精神科医がいったように、鬱病とは生涯治らない病気なのかもしれない。わたしの場合、完全に治り切っていない証拠に、時折希死感が心底を蔽う。鬱の自己をそこから分立した自己が完璧に統御できないという事態が生ずる際、あるいは、統御の試みが強烈な労苦の感覚をもたらすときに、わたしは往々にして「死にたい」と思うのだ。当然ながら、希死感は遺される妻子への思いによってさえぎられ、つねに、生きようという意欲によって何処へともなく追い遣られる。だから、わたしはこうして生きているのであり、しかも、このような文章を書くことへの意欲を失っていない。しかし、頻繁に湧起する希死感は、「滅び」の可能性についての自覚を尖鋭化させる。ハイデガーのあの著名な言説「死への存在」（Sein zum Tode）が端的に示しているように、人間はいつもすでに死へと先駆け、それをあらかじめ覚悟して在ることを本来的態様とする存在者である。それにもかかわらず、多くの人々はその日常のただなかにおいて己れの死を意識することが少ない。人々は、たとえ周囲の人間がすべて死に絶えても自分だけは生き続けるかのように錯覚しながら、日常を本来性から縁遠い「駄弁」(Gerede)に打ち興じることによって遣り過ごす。こうした本来性からの逸脱は、人間性の本質からの乖離として卑しめられるべきものなのかもしれない。だが、わたしは、本来性から逸脱し、己れの死を意識化しない人々は幸せだと思う。「駄弁」に興ずることができるならば、それ以上にめでたいことはあるまい、とすら思う。それに比べて、わたしはどうにもならない不幸のどん底に在る。希死感が「滅び」の可能性を一挙に現実化させ、兼好法師がいうような、前方からのみならず背後からも「滅び」に迫られているという実感にさらされるからだ。

わたしにとって、「滅び」は未来に存する可能性ではない。それは現在のすべての瞬間を蔽う現実なのだ。わたしは、鬱に閉ざされた自己と、それを客観的に眺める自己とが、人生のあらゆる時点において「滅び」を身に受けていると感じる。「滅びゆく者」、否、厳密には「すでに滅びつつ在る者」というのが、わたしの自己自身についての規定であり、この規定のもとで、わたしは己れの周囲の世界、すなわち「周り世界」(Umwelt)に接している。しかも、わたしの考える営みは、この「周り世界」に絡みつかれている。「周り世界」といかに関わり、それをどう理解するか。それこそがわたしの思索の唯一の課題だといっても過言ではない。この書においては、「周り世界」の出来事や事態がわたしの精神に何をもたらすのか、そしてそのもたらされた事物に対してわたしの精神はどのように反応するのか、それを凝視してみたいと思う。つまり、滅びつつ在る者＝わたしの「周り世界」に対するまなざしとその内質を、可能なかぎり心静かに究明することが本書の課題である。さしあたって、事は「鬱」に関わって在る。二十数年もの間、鬱病に取り憑かれているにもかかわらず、わたしは日常を教育界の労働者として生きてきた。なぜ、かくも陰惨な情調にとらわれながら生き続けることができたのか。その謎は、上述の文章によってほぼ解き明かされている。内面で鬱に打ち拉がれる自我（自己）とそれを冷静に眺める自我（自己）とが分立し、後者にとって前者がひとごとのように感じられるようになったことが、統体としての「わたし」を救ったのだ。つまり、デカルト以来西洋の哲学で通有的だった「主観―客観」構造が内的に実質化されることによって、わたしは命拾いをしたのだ。ならば、「主観―客観」構造を否定する哲学的認識論の是非がまず問われなければならない。この書の本論で、まず西田哲学の「純粋経験」という考え方が、わたしが対決を余儀なくされる問題として浮上する所以である。

第一章 「主観―客観」構造再考

1

二月から三月にかけて、学内で進級や卒業が問題になる季節になると、毎年きまって何人かの学生がわたしの研究室を訪れる。進級や卒業に必要な単位を取得できなかったから留年したいが、ついては指導教授として書類にサインをしてくれというのである。それは、冬から春にかけての季節の変わり目であり、鬱病を抱えているわたしにとっては重苦しい時季のことだ。彼ら怠学学生たちが弱々しく研究室のドアをノックするとき、たいていわたしはぼんやりと窓外を眺めながら無為なときをすごしている。気分は重くふさがれており、誰とも話などしたくないというのが本心である。しかし、怠学学生の要望するがままに何の理由も聞かずにサインをするわけにはゆかない。教員であるかぎりは、彼らが進級や卒業を断念するに至った理由を確認し、来年度からの対策を彼らとともに練るのがわたしの務めだからだ。わたしの勤務する大学は国立大学のなかでもかなり偏差値の高い大学であり、そこには講義についてゆけない者などほとんどひとりもいない。したがって、怠学の理由は歴然としている。やる気になれなかったからだ。ではなぜやる気になれなかったのか。とりたてて尋ねるまでもなく、その理由も判然としている。毎日が憂鬱だったからだ。そんなことは百も承知でありながら、わたしは、研究室にやってきた怠学学生にある種のやさしさを装いながら、柔らかなことばを投げかける。「どうして一年間授業にでられなかったの?たぶん何か苦しいことがあったんだろうね」と。怠学学生たちは異口同音に応える。「授業に出なければならないということは分かっていたんですが、どうしても身体がいうことを聞かなくて、出席できなかったんです」と。「毎日憂鬱で仕方がなかったのかい?」と問うわたしに、彼らは黙って頷く。それだけで彼らにとって何が問題なのか、わたしにはたちどころに理解することができる。すなわち、彼らは鬱病に罹っており、それもかなり重症であるということが分かるのである。それ以上の対話には、実はほとんど何の意味もない。対処すべきは教師ではなく精神科の医師だからだ。それにもかかわらず、わたしはさらにやさしげに語りかける。「憂鬱の虫というのはね、いつまでも消えてくれないものなんだ。自分がそうした憂鬱の虫を抱えているということを、冷静に眺める自分をもつと、きっと少しは楽になるよ。それでもだめなら、心理カウンセラーに相談してみるといい。紹介状はいつでも書くよ」と。ここまでいえば彼らの顔は若干の綻びを見せる。多少は明るい兆しが見えてくるのだ。だが、勉強に関してはかなり高度な理解力をもっているはずの彼らは、わたしの発言の真の意図を読めない。わたしは、鬱に陥っている自分とそれを客観的に眺める自分とを分立させよ、といっている。つまり自己内に「主観―客観」構造を確立せよと勧めているのだ。彼らにはそのことが分かるようでいて理解できない。なぜか。

理由は至って単純である。彼らは「自分は自分であって自分以外の何ものでもない」という自己同一性に安住し、そこから外側へと一歩も踏み出そうとはしないからだ。自分を客観的に見詰めるということ。それはことばの次元では実に簡単なことだ。しかし、自己同一性から一歩離れて、「自分は自分ではない」と考えることは、現実問題としてはけっして容易ではない。エピクロスに依拠するまでもなく、人間が快楽を求める生きものであることは明白である。人間にとってもっとも大きな快楽とは、自分が自分であるがままに幸福たりうることにほかならない。したがって、人間は自分が自分であることを否定されること、あるいはそれを積極的に否定することを極端に恐れる。かわいい自分は自分以外の何ものかであってはならないのだ。自分を自分から遠ざけて、他人のように眺めること。これほどに馬鹿げたことはありえない。そう思うのが人情の本質というものであろう。怠学学生たちは、わたしの言説を耳にして、自分から離れるという事態が生起しうる可能性を知る。そしてそこに己れの鬱が癒されるかすかな可能性を探る。だが、その可能性を現実化することはできない。自己同一性のうちにとどまることの気安さを、彼らは骨の髄まで味わい尽くしているからだ。「かわいいわたし」は、鬱情態に苦しむ彼らの内面で、いつのまにか「かわいそうなわたし」へと転化している。そして、彼らは考える。この「かわいそうなわたし」を現出させたものは外部の敵なのだ、と。具体的には、大学という杓子定規な制度が、教師の冷徹な在りようが、共同体の温もりの欠如が、自分の鬱を招いたのだと彼らは思う。かくして、彼らは鬱情態に陥っている自分自身ではなく、己れを取り巻く「周り世界」に怨念を差し向けることになる。

怠学学生たちのこうした態様を、人間精神の専門家と称する人々は「新型鬱病」と診断する。あるいは「若年性鬱」という比較的穏やかな名称をそこに付与する。「新型」であれ、「若年性」であれ、いずれにしても従来「鬱病」と認定されてきた症状とはいちじるしく乖離するものがそこにあることだけはたしかである。従来の鬱病とは、中年期を過ぎた社会的に責任ある立場に立つ人々が、責任性の負荷に耐えかねて発症するものだった。たとえば、会社で課長に昇進し、それまでにはなかった大きな責任が肩にのしかかったとき、その負荷に懸命に耐えようとして耐え切れず、己れの至らなさを己れに向かって厳しく責める。そうした自罰的な態様が人間心理の襞にもたらす重苦しさを、従来は鬱病と名指してきた。そこには、自己を差し置いて外部に責任を転嫁しようという姿勢は、おそらく微塵も見られなかったはずである。もし従来型の鬱病に思想的な背景があるとすれば、それは「自罰の思想」と呼ぶべきものだった。ところが、昨今の「新型」もしくは「若年性」の鬱病にはそのような思想は認められない。それは、己れが鬱情態に陥っている原因を他者に見いだすという意味において、「他罰の思想」に根ざすものであるといっても誤りではない。「自罰の思想」に立つがゆえに深く苦しむ人々に処方していた従来の抗鬱剤が、自罰を拒否しあくまでも他罰を求める人々に対して効果を発揮することなどありえようはずもない。かくて、抗鬱剤の効力はほとんど無に近しい状態となってしまった。精神科医や製薬業者を責めているのではない。新型の病に対する治療法は、つねに後追い的になる定めにあり、それは鬱病の場合も例外ではないというだけのことだ。だが、「新型」「若年性」と称される鬱病は、本当に新種の病なのだろうか。わたしには、そこに認められる強固な自己同一性への固着は、わたしたちに固有な或る心性を背景にしているように思われる。その心性とはどのようなものか。もしその心性を脱することが「新型」「若年性」の鬱病の治癒につながるならば、わたしたちには新たにいかような心の在りようが求められてくるのか。以下、こうした問題について思いをめぐらせてみたい。

2

かつて詳しく論じたように（拙著『日本人の知―日本的知の特性―』北樹出版、一九九五年）、古来日本人は、「知る」ことを「見る」ことと緊密に結びつけてとらえてきた。萬葉集以降の文献において「～見れば～けり」という文形式が頻出することは、このことについての傍証となる。さらに、「見たり知りたり」「～見れば～知る」といった物言いが萬葉集等に散見されることは、このことの信憑性をよりたしかなものとする。「けり」が単に過去を示す助動詞にとどまるものではなく、何かに対する気づき（知ること）を表わすことは古代文献に関してはほとんど自明の事実であり、また、「見る」と「知る」とを直接に結合する文形式が、人は「見る」さなかに「知る」という認識を、ひいては「見る」ことがそのままただちに「知る」ことと等号で結ばれるという認識を表明することは明白だからである。言語上の表現形式は、根源的思索の反映にほかならない。したがって、「見る」ことと「知る」こととを連接させる文形式が古代文献に大量に現われるという事実は、古来日本人が、「見る」ことと「知る」こととを重ね合わせてとらえる認識に立っていたことを如実に示すと見てよいことになるであろう。ならば、古来日本人にとって「見る」ということは、いったいいかなる事態を意味していたのであろうか。

日本人のあいだで、「見る」ことは土俗的に儀式化されることが多い。たとえば、「国見」「花見」「山見」などである。「国見」とは、ある土地を支配する者、すなわち豪族や貴族や天皇たちが、丘や山などの高みに登り立って己れの支配地を見はるかすことをいう。萬葉集巻一、二番歌（舒明天皇）「大和には　群山《むらやま》あれど　とりよろふ　天《あめ》の香具山《かぐやま》　登り立ち　国見をすれば

国原は　煙《けぶり》立ち立つ　海原は　かまめ立ち立つ　うまし国ぞ　蜻蛉島《あきづしま》　大和の国は」が端的に示すように、「国見」の「見る」は、不可視のもの（海原）をも視野に収めるような、いわば幻視の能力を抱えもつ行為で、そこには現代的な視覚の感覚を超えた呪的な意味合いが内含されている。その呪性とは、対象に内在しその本質をなす霊的な力、すなわちタマ（魂）を、わが身に附着させて対象と自己とを一体化させることによって、対象が己れのものであることを確認するという、一連のマジカルな手続きにほかならない。高所に立って国見をする者は、自己が視野に収めているクニに宿るタマをわがものとすることをとおして、そのクニに対する己れの支配権を確認するのだといえよう。「花見」や「山見」も同様に解釈することができる。「花見」の場合、花は植物の生殖器であり、木の全生命をそこに集約させている、という発想がその根底に存する。花を「見る」ことによって花の生命力を獲得し、一年間のわが身の長久を祈願するのが、「花見」の本来の意味であった。「山見」については、春先に山の青葉を「見る」ことをとおして、その「青」い色にこめられた山の生命力をわが身に付けて、来春までのわが身の無事を祈ることに、その主眼があったものと考えられる。古来日本では、招魂によって生命の長久を祈念することはタマフリと称されていた。したがって、日本人にとって「見る」ことは、元来タマフリ的な意義を担う行為であったといえよう。

こうしたタマフリ的意義をもつ「見る」ことと密接に結びついた「知る」ことは、単なる客観的な対象認識にとどまるものではありえない。それは、対象の本質に分け入り、その本質を見きわめつつわが身に引き寄せることを意味していたものと考えられる。「知る」ことは、元来、対象のタマを「知る」主体の身中に附着させることだったのではないか。この推察は、これまで何度も繰り返し説いてきたように（拙著『日本人の知—日本的知の特性—』、『危機の神話か神話の危機か—古代文芸の思想—』筑波大学出版会、二〇〇七年）、大伴旅人の手になる「世間《よのなか》はむなしきものと知る時しいよよますます悲しかりけり」という歌（萬葉集巻五、七九三）を読むことによってその妥当性が明らかになる。この歌は、日本において「知る」という語が思想内容の理解・認識という意味で使われた最初の例である。ここで「知る」対象となっている思想内容とは、諸家が説くような「世間空」ということではない。旅人はこの歌を詠む直前に妹婿を亡くし、三ヵ月前には最愛の妻を失っている。旅人が体験したのは、在る者すなわち「有」が「無」になるという事態であり、現象の総体を無《な》みする絶対的否定性としての「空」ではない。すでに在ったものが無くなるということ、いいかえれば「有」が「無」になるということは「無常」を意味する。したがって、一首において旅人が知ったことは、「世間空」ということではなく、「世間無常」という事態であったと考えられる。旅人はうたう。「世間無常という事態を知ったこの時にこそ、わたしの悲しみはいや増しに増すばかりであった」と。無常を知るということは、有為転変を繰り返す現生に心をつけることのない境地、すなわち一種の覚りの境位に達したことを意味するはずだ。ところが、旅人は無常観が現世的な悲しみを煽ったとうたう。彼は、「世間無常」という事態の本質を食い入るように見詰め、その本質、すなわちタマをわが身に附着させることによって、内面の悲しみをいやがうえにも増幅させたものと考えられる。旅人は覚ったのではない。事物の現生における在りようが内面にもたらす負荷に耐え切れなくなったのだ。その耐えがたさを実感する旅人にとって、「知る」ことは対象の本質をわが身に引き取り、それと完全に一体化することであったといえよう。

対象とそれを見る自己とが一体化するような知。それは、知る主体と知られる対象とを区分けする主客弁別的な知ではなく、対象が主体に引き寄せられる形で主客の別が排されるような知、すなわち主客一体的知にほかならない。日本的知は元来こうした主客一体的知であったといってよいであろう。知の態様は端的に存在の態様を指示する。知ることは、存在に基づくすべての意識能作の基軸をなすからである。となれば、日本的に在ること、すなわち日本的存在とは、主観が客観から離れることのなかった存在、我と物とが渾然一体となった存在であったと考えられる。これは、「わたしはわたしである」という自同律がどこまでも維持され続けたことを意味する。我と物とが弁別されない態様のもとでは、「わたし」をわたしから突き放してとらえる認識の仕方が成り立ちえたはずはないからである。いわばわたしはいつもすでに一枚岩であったといえよう。そうした一枚岩の在りようは、長所と短所とを同時に内含している。すなわち、「わたし」からけっして弁別されることのないわたしは、物我相和する情態のなかに憩い、「わたし」によって否定されることがない。そこに認められる絶対的肯定性は、わたしの在ることをどこまでも安定させる。このことこそが一枚岩の在りようの大きな長所といえよう。だが、彼我一体的境位を現出させるその絶対的肯定性は、「わたし」をわたしから突き放して冷静に凝視する視座をわたしに与えることはない。そこに湧起する「わたしはわたし以外の何者でもない」とする自同律は、自我内部における自我についての怜悧な分析を不可能にしてしまう。この場合には、「己れ自身を知れ」という銘文が、空疎なお題目と化してしまう。己れ自身を知ることが思索の原点であるとすれば、一枚岩のわたしは考えることから乖離した、無思想的な自我以外の何者でもなくなり、すくなくとも哲学的には大きな欠陥を露呈するといえよう。ところが、わが国の哲学的伝統のなかでは往々にしてその欠陥が顧みられない傾向にある。それどころか、その欠陥は何ものにもかえがたい長所とさえ見なされてしまう。このことを端的に示すのが、一般にわが国の最初の体系的な哲学的著作と見なされる、西田幾多郎の処女作『善の研究』である。

3

『善の研究』は、「純粋経験」という概念によって人間にまつわるほとんどすべての問題、すなわち、認識の態様と倫理、そして宗教の問題を説明し尽くすことをめざす著作である。著者の西田幾多郎は、この心理主義に傾いた概念にその後漸次彫琢を加え、絶対意志の立場や場所の論理、ひいては絶対無の立場を切り開いてゆくが、そこに内含された根本的な考え方は終生変更されることがなかったといっても誤りではないであろう。西田にとって純粋経験とは、まず第一に直接経験を指し、これは人間性の原初段階に立ち現われる彼我一体的境地にほかならない。たとえば、いまわたしは現代では古色蒼然たる無用な機器とされているワープロ専用機に向かって文字を書き連ねている。わたしにとっては、ワープロ専用機とそれを使用するわたしとが明確に区分けされている。書くという能作に関して、わたしは主体(主観)でありワープロ専用機は客体(客観)である。このような主客の区分が可能になるのは、わたしがある程度の年齢に達し、ワープロ専用機とはいかなるものかを概念的に理解しているからにほかならない。しかしもし、わたしがまだ物心がついたばかりの年齢であったとすればどうであろうか。おそらく、わたしは目の前に在る物体が何を意味するのかをまったく理解できないに違いない。それどころか、その物体と自己とを截然と分けることすらできないであろう。その場合、物体とわたしとは渾然一体となって融合している。わたしが物体なのか、物体がわたしなのか、それすらもわたしには判断がつかないはずである。西田は、こうした意識の分化以前の主客未分の彼我一体性を「直接経験」と名指す。そして、西田は、この直接経験を純粋経験の端緒ととらえる。いってみれば、直接経験とは人間にとって始発の純粋経験にほかならない。

直接経験としての純粋経験は、経験の主体の成長とともに破られる。物心がつくころのわたしはワープロ専用機と自己との区別がつかないが、やがて周囲の人々から知恵を授けられ、それが機械であることを教えられるであろう。さらに成長の度を加え、書くということの意味を知るに至れば、わたしはやがてかならずこの機械の意味を知るに違いない。そのとき、原初の彼我一体性は完全に打ち破られ、わたしという主体（主観）とワープロ専用機という客体（客観）とは完全に分裂している。わたしたちが物を知るということは、このようにして主客が分岐し、主が客を見詰める視座が確定されることにほかならない。「知る」ということに関して、それ以上何が必要なのかと問われれば、さしあたって、わたしたちは「それで十分だ」とこたえるであろう。ところが、西田は、それだけでは知は完成された姿をとらないと考える。彼は、いったんは分岐したわたしとワープロ専用機とが、より高次の次元で再統合されることによって真の知が成り立つ、とする。すなわち、わたしがワープロ専用機なのか、ワープロ専用機がわたしなのか渾然一体としてそこに思惟の判断が介在しない情態こそが、真の知であると西田は見なし、それをいわば高次の純粋経験ととらえる。西田のこうした考え方は、かならずしも理解の範疇を超えるものではない。わたしがワープロ専用機についての知をきわめるのは、わたしとワープロ専用機とが一体化し、「いまわたしがワープロ専用機を使っている」という意識が消えたとき、すなわちワープロ専用機を使うわたしの身体が自然に動いて、「わたしが机の前にいる」という判断も「わたしがワープロ専用機に向かっている」という判断も、いずれも意識化されなくなったときだからである。いいかえれば、ワープロ専用機についての知は、使用者と使用対象という判断の弁別性、主体（主観）と客体（客観）との区別がなくなる場合にその極致に達すると見ることができる。

西田自身が挙示する例に従って考えてみよう。『善の研究』第一編第一章で、西田は直接経験の事実を超えた純粋経験として次のような例を挙げている。たとえば、わたしが断岸を攀じ登っている場合、あるいは、熟練した音楽家が手慣れた曲を奏でる場合である。前者の場合、わたしは、いま右手を上方に差し出して岩を摑み、左足を上げてそれを岩で支えなければならないというような思惟の判断を行っていない。わたしは、ただ無我夢中で手足を動かすばかりである。そこには断岸を攀じ登るわたしという主体（主観）の意識もなければ、攀じ登る対象＝客体（客観）として断岸が在るという意識もない。主客は完全に一体化しているといえよう。同様に後者の場合も、主客の弁別性は徹底的に排されている。すなわち、熟練した音楽家は、いま自分がこの音符を弾いていてつぎにあの音符を弾くというような意識をもっていない。彼（彼女）の身体は流れるように動き、一切の思惟的判断を介在させることなく美しい楽曲が奏される。後者の例が鮮明にするのは、純粋経験が、始発の直接経験とは別の次元で、いわばきわめて高次の精神的次元で再獲得されるという事態であろう。熟練した音楽家が流れるように自然な身体の動きとともに曲を奏するに至るためには、厳しい修練が不可欠である。鍛練に鍛練を重ね、音楽家は楽器と音符と自我が分かたれえない情態に到達したのだ。彼（彼女）は、最初に楽器に接した時点では、自分が楽器という客体に向かい合っているという意識に拘泥していたことであろう。そうした拘泥性をかなぐり捨てるためには、始発の段階を超越した一種の達成態を実現しなければならない。この達成態こそが、高次の精神的次元にほかならない。ただし、こうした高次の精神的次元としての純粋経験は、いつもすでに維持されているわけではない。わたしは断岸を登り切ってしまえば、再び思惟の判断によって主観と客観とが分岐する情態に入りこむであろうし、また熟練した音楽家も、曲の演奏を終えて日常の生活に戻れば、何事かを意識している自我とその意識の対象との別を感じ取るに違いない。彼我一体的で主客合一的な純粋経験は、このようにしてその現出と消失とを果てしなく繰り返してゆく。

『善の研究』の西田にとって、真の知とは純粋経験にほかならない。それは、主観と客観とが完璧に合一し、一切の思惟的判断が介入しない意識の情態である。そのような意識情態は「我」が「物」となり、「物」が「我」となること、すなわち「物となって物を見る」という境位に「我」が立つことを意味していよう。「物我相忘るる」境地が純粋経験であるといってもよい。西田はこうした境地をどこから得たのであろうか。従来の西田哲学研究によってしばしば指摘されるように、彼は、それを禅に親しみ、みずから打坐することによって得たのかもしれない。いわば身心脱落の境位、我を忘れることによって万法に証されるという禅的な意識情態を念頭に置くことによって、西田は純粋経験を実在の根本とするという思念に立ち至ったと見ることも、おそらくは可能であろう。だが、留意すべきは、物を知ることの在りようにおいて物我相忘るるという境地は、わが国への禅の移入をまってはじめて確立されたものではないという点である。前節2において簡潔に触れたように、日本的知の原初的形態は、対象の本質（タマ）をわが身に附着させること、すなわち、客観を主観のうちに引き入れる形で主客が一体化することによって成るものであった。西田がそれを明瞭に意識していたかどうかは分からない。しかし、純粋経験という知の在りようが、こうした日本的知の伝統に連なるものであることは否定しがたいのではないか。西田は、主客合一的知が奔流のように流れる伝統に棹差しながら純粋経験という概念を切り開いた。そうであるとするならば、『善の研究』が披瀝する知の世界とは、伝統を忠実に継承する形で成立したものといえよう。『善の研究』が上梓されたのは、一九一一年のこと。開国以来わずか六十年後のことである。西洋思想のわが国への流入期を明治維新の時点に求めるにしても、四十年しか経ていない。たしかに、日本人は『善の研究』によって、最初の日本人による独自の哲学に出会った。しかし、この出会いは早すぎたのではなかったか。『善の研究』が説く純粋経験という概念が、この書が上梓された当時の日本人の心を激しくゆさぶったのは、そこに新たな思想が披瀝されていたからではなく、伝統思想が新たな装いのもとに復活せしめられたからであったように思われる。つまり、日本人は、西洋思想に特有な「主観―客観」構造を熟知する前に、『善の研究』をとおして伝統へと回帰してしまった。換言すれば、『善の研究』を日本独自の哲学として受けとめることによって、日本人は、「主観―客観」構造の意義を理解しえぬままに主客合一的知の立場へと逆戻りしてしまったのではないかと考えられる。

4

『善の研究』の純粋経験という概念に接することによって、多くの読者は、「主観―客観」構造を乗り超えたと感じた。カント以来、「主観―客観」構造は、主観が客観を構成的に在らしめる構造として理解されてきた。主観が客観を意識のなかに構成的に生み出すとすれば、客観の存在性は括弧に封じこめられることにもなりかねない。もとより、カントは客観がそれ自体として存在していることを否定したわけではなく、単に物自体としての客観に関する主観の側からの十全な認識が不可能であると説いたにすぎない。カントは、主観が法則性を案出すればそれがそのまま客観界に妥当するなどという素朴な観念論に立っていたわけではなかった。主観の内部で構成的に把握された法則性が客観のなかに投げ入れられ、そこで現実的な妥当性をもつときに再びそれが主観の側に投げかえされる、というのがカントの認識論の中核をなす考え方だった。したがって、そこからは主観が万事・万象を創出し、万事・万象の客観的存在性は問題にならないというような独我論が現出する余地はなかったと見るべきであろう。ところが、カント的な認識論にはじめて接した明治期のわが国の知識人たちは、そこで、あたかも、主観が客観とは無関係にすべての事物を自律的に構築すると考えられ、客観の存在が無視されているかのような印象をもってしまった。この印象は、根生いの土着性から乖離した西洋的で近代的な「自我」がそうした乖離性のゆえに孤立化してゆくという観念と結びつき、この世界には実は自我のみが存在し、一切の客観（他者）は事実上非在なのではないかという疑念を生んだ。そして、その疑念は、自我の存在に関する孤独感を煽り、いわば「独我論の恐怖」とでもいうべき精神現象を成立させた。これは、現代を生きるわたしたちにとっても理解不能な事態ではない。わたしたちは、主観の表象力を過信するとき、この世に在るものはすべて主観としての自我が作り出した仮象であって、真に実在するのは己れのみではないのか、という不思議な思いに取り憑かれることがしばしばある。明治期の知識人たちは、こうした独我論に陥り、他者との連帯の不能性を強く意識しつつ、深くかつ深刻な苦悩を懐いていた。カント的な「主観―客観」構造を受け容れることは、当時の精神世界のなかに独我論を浸潤させることを意味していたといっても過言ではないであろう。そのような精神情況のなかで、西田幾多郎の『善の研究』は、独我論を突破する衝迫力を有する書のように見えた。倉田百三がいちはやく言及している（『愛と認識との出発』）ように、『善の研究』の序文は「個人あつて経験あるにあらず、経験あつて個人あるのである、個人的区別より経験が根本的である」と述べているからである。

西田のいう「経験」とは純粋経験を指すものと思われる。主もなく客もない境地、主客合一的境位に真知を見いだす西田の純粋経験の立場は、あきらかにカント的な「主観―客観」構造とは次元を異にすることによって成り立っている。明治期の知識人たちは、そうした次元の相違を、西田が「主観―客観」構造を乗り超えたことを意味するものととらえた。経験の汎有性、すなわち多くの人々のあいだで共有される性格は、客観の定立を確たる事実として彼らの眼前に呈示したからである。そして、「主観―客観」構造の乗り超えが確固とした日本独自の哲学の成立としてとらえられたとき、「主観―客観」構造の確定をめざす立場は、日本的精神世界の現状から乖離する、いわば守旧的な観念論として排斥され始めた。ヘーゲル的な弁証法の正確な理解とその日本思想への発展的な受容をめざす哲学が、西田哲学に対する反定立として呈示されるという事態（田辺元）が時折顕在化しはしたものの、明治期以来現代にかけての哲学史の歴程のなかで西田的な主客合一的知（純粋経験）の立場は、すくなくともわが国の精神界において、他のいかなる哲学に対しても主流の座を譲ることはなかったといっても過言ではないであろう。わが国の大多数の知識人は、それを明瞭には意識していない。しかし、西田哲学の純粋経験という考え方は、けっして西田の独創ではなかった。それは萬葉以来の伝統のなかでの知のとらえ方を、いわば生のままに、そのままの姿で継承するものであった。伝統的思索は、民族の血肉をなしている。伝統的思索に西洋的な思惟様式の型という新しい外皮を与え、伝統を時代即応的なものに衣がえした西田哲学は、「主観―客観」構造を遵守する哲学を鮮やかに駆逐したといってもいい過言ではないであろう。だが、そうして「主観―客観」構造が駆逐されることによって、わが国の精神界は、ある大切なものを失ってしまった。すなわち、自同律への固着性から脱却する機縁を喪失してしまったのである。

「自分は自分であって自分以外の何者でもない」と考えること。この自同律は、社会を成立せしめる原拠として大きな意義を担っている。法的な掟、道徳的な慣習が社会的に認知され規制的な原理として作用するには、何よりもまず、自己同一性が確定されていなければならない。責任の主体としての不変の自我が存在しなければ、法律も道徳も存立する余地がないからである。たとえば、ある人物の犯罪が法的な処罰の対象となり、道徳的に非難されうるのは、その人物が時空の変移を超えてどこまでも同一の自我であり続けるからだ。もし、昨日の自我と今日の自我とがまったく別個の自我であるとすれば、法はそれを罰することができないし、道徳はその責任性を問うことができなくなってしまう。法や道徳が社会の基盤をなしているかぎり、自己同一性、すなわち自同律は絶対に不問に付されてはならないといえよう。だが、「自分は自分であって自分以外の何者でもない」として、自己が自己でない可能性を全面否定するとき、人は現に在る自己を全面的に肯定してしまう。現に在る自己が無謬でありうるとするならば、そうした肯定性が誤っているとはいえない。しかし、常識的に見て、人間とは時として何事かを見誤り、行為に関してはしばしば錯誤を犯す動物である。そのような人間が、自己同一性を固守することは、誤る可能性に満ちた自我をそのまま是認し、できるだけ誤らないような自我を確立する契機を捨て去ることを意味するのではないだろうか。いいかえれば、それは理念の放擲、理想的自我をめざすことの放棄であるように思われる。いまよりもより善き自己、倫理的誤謬がより少ない自己をめざすならば、わたしたちは、いったん「自分は自分であって自分以外の何者でもない」という命題から距離を置いてみなければならないのではないか。すなわち、「自分は自分でない」という命題を、己れの心中に定立させ、そうすることによって自己同一性から離脱する必要があるように思われる。「自分は自分でない」と考えることは、もとより、存在のうえで自我が別の自我に転換することを意味しているわけではない。「自分は自分でない」と思惟してみても、それによって、自分がまったく別の存在者になるということはありえない。存在論的には、自分はあくまでも自分のままなのだ。しかし、そのように（「自分は自分でない」と）考えるとき、見る自我と見られる自我とが分岐する。すなわち、自我とそれを対象化する自我とが意識のうえで二つに分かれる。その場合、自己内部に「主観─客観」構造が確定されているといえよう。その「主観─

客観」構造のもとで、いままでの自我が今後在るべき自我によって照射されることになる。在るべき自我に照らしだされたいままでの自我は、前者に向かって倫理的な努力を重ねることになるであろう。そこに人間性の根本的な改変への端緒がある。その意味で、「主観―客観」構造の定立は、人間を本来性へと差し向ける第一歩なのだといえよう。

「自分は自分であって自分以外の何者でもない」という命題が自我への全面肯定であるとすれば、「自分は自分でない」という命題は自己否定的な傾きを濃厚に有することになる。したがって、「主観―客観」構造の明確化は、自己否定の思想が顕在化することを意味する。「主観―客観」構造の確定によって、全面肯定のうちに沈潜していた自我は否定性にさらされることになる。自己否定は、否定される以前の自己を全面的に解体することであり、価値論的にいえば、それまでの価値観とそれに根ざした思念が根底から切り崩されることにほかならない。しかし、自己を切り崩したのちに何も残らないとすれば、それは、無残な自己喪失を意味することになってしまう。人は、自己を失ったまま生き続けることはできない。全的な自己解体としての自己否定は、生の意味を失わせる暴挙といえよう。「自分は自分でない」という命題をその種の暴挙に終わらせないためには、解体された自己のうえに新たなる自己を、それも可能なかぎり理想的な自己を措定しなければならない。その措定をとおして、いままでの自己とそれを否定的に対象化する自己とが、いわば弁証法的に止揚されることになる。ここにおいて、自己同一性への固着をいい表わす命題、すなわち「自分は自分であって自分以外の何者でもない」と、自己客観化に根ざした自己否定性を表わす命題「自分は自分でない」とが綜合されて、まったく新たな命題「自分は自分であって自分でないけれども自分である」が成立を見る。この命題が成立することによって、自己はそれまでに比べてより誤謬の少ない自己へ、より善き自己へと発展してゆく。「主観—客観」構造は、このような形での自己発展への精神的な起動力以外の何ものでもない。この構造を低次の意識構造として排拒する点にわが国の伝統的な主客合一的知の特徴が存するとすれば、それは、自己発展の可能性を奪うものと見なさざるをえない。

5

ことを他罰の思想を背景とする鬱病の問題に戻そう。他罰の思想とは、自己が陥った情況・情態の責任を他者に求めるものである。自分の鬱情態は、自分に対して厳しく対応する学校という組織の抑圧的な在り方や、家族とその周辺の過干渉的な在り方などによってもたらされたものだというのが、他罰の思想を背景とする鬱病者の具体的な心の在りようである。なぜこのような心の在りようが出来するのか、萬葉の時代から西田哲学に至る知の思想的伝統を概観したいま、その原因はほとんど自明ですらある。伝統的な知、すなわち主客合一的知とは、知る主体（主観）

と知られる客体（客観）との弁別性を徹底して排除し、両者が物我相忘れる形で一体化する位相において成り立つものであった。物我相忘れる位相に立つとき、その人の人格のなかで自己は完全に統一されており、分岐への志向性は一顧だにされない。自己が自己自身に固着し、両者のあいだにまったく隙間のない情態といってもよいであろう。そのような情態に知の本質を求める場合、人は、自己自身をその外側から眺める視座を拒絶する。自己が何事かを見詰める視座は、世界の定点として位置づけられ自己の内面を志向することがない。そうした志向性を欠いたまま、自己の鬱の原因を追究するとき、人は、必然的に、自己ではなく他者のなかにその原因を見いだすようになる。他罰の思想を背景とする鬱病が発症する所以である。他罰の思想を背景とする鬱病とは、現代の精神科医や心理カウンセラーたちが考えるように「新種」のものでもなければ、若年者に特有のものでもない。それは、日本的な知の伝統、いいかえれば日本人に特有な物の見方・考え方によって必然的に惹起された病理というべきであろう。この病理を克服する途は、おそらく一つしかない。それは、幕末から明治の初期にかけてわが国に流入し、西田哲学が『善の研究』を以て体系化された姿を取るまでのごくわずかな期間、知識人の内面に浸潤していたはずの「主観—客観」構造を思い起こすことにほかならない。もし「主観—客観」構造が、主観による客観の構成的措定をもくろむものであるとすれば、そこには、世界内で真に実在するのは自我のみであるとする独我論が現出する余地が生じてしまう。独我論にさらされた魂は、それが現実の生活者として自己が存立することを自覚する者であるかぎり、理論と現実との間で引き裂かれ、たとえようもない苦悩に陥るであろう。しかし、主観による客観の構成的措定が、つねに客観性をも志向するものであることが判然とするならば、「主観—客観」構造はけっして独我論を呼び起こしはしない。「主観—客観」構造のなかでは、構成する主観によって形造られた事物はかならず客観の側から逆照射されて、その妥当性を検証される。そのことを知れば、人は安んじて「主観—客観」構造を受け容れることができる。そして、この構造が、鬱病者の内部での自己による自己自身の対象化という形をとるとき、他罰の思想はその根底から瓦解する。原因は抑圧的な学校の組織や家族とその周辺の過干渉的な在りようなどにあるのではなく、自己自身の心のもちようにあることが理解されるからだ。自己が自己自身を冷静に見詰める視座に立ったとき、鬱病者は、鬱の原因が他の誰にでもない、ほかならぬ自己自身に在ることを知るに違いない。

しかし、問題は、この時点で終息し完全に解決されるわけではない。むしろ、問題解決の道程は、端緒にさしかかったばかりである。己れの鬱の原因が己れ自身に在ると知ることは、当然自罰の思想を導くであろう。その際、人は、一切の責任は自分自身にあり、この自分自身を厳しく罰しないかぎり事態は好転しないとすら考えてしまう。憂鬱は他罰の思想を背景としていたときよりも、さらにその度合いを増し、諸悪の根源ともいうべき自己自身に対する殺害願望に転化しかねない。他罰の思想を背景とする鬱病の自罰の思想を背景とする鬱病への変容は、在来の抗鬱剤の効力を高めはするであろう。精神医療の側面から見れば、このことはたしかに問題解決の端緒が開けたことを意味してはいる。しかし、それがそれまでほとんど伴うことのなかった自殺願望を随伴するとすれば、解決への途はむしろ遠退いてしまったといわざるをえない。そこで熟慮すべきは、自罰の思想を背景とする鬱病は、ほんとうに「主観―客観」構造を受容しているのかという点である。たしかに自罰を志向する者は、己れを対象化している。主観としての自己が、客観としての自己自身を罰しようとするのだから。だが、なぜ、自己自身を客観的に見詰めているはずの自己は、自己自身に厳罰を加えなければならないのか。自己自身が鬱を抱えこんでいることが罰を与えるべき悪になるという発想は、けっして正常なものとはいえない。そこに顕在化する異常さは、鬱病という病が治癒可能性に関して容易なものではないことを明瞭に指し示している。他罰の思想を背景とする鬱病が物我一体的位相のうちにもたらされ、それを「主観―客観」構造によって乗り超えた刹那、自死願望を伴う自罰の思想が一種異様なものとして顕現するとすれば、鬱病者には治癒の可能性が皆無ということになってしまう恐れがある。わたしたちは、この問題をどうとらえればよいのか。主客合一的知の伝統を「主観―客観」構造によって抑制することをとおして、鬱が治癒する可能性を求めようという姿勢そのものが間違っていたのだろうか。あるいは、伝統的な知の在りようでもなければ、「主観―客観」構造でもない第三の途があるのだろうか。

ここでわたしは断言したい。第三の途はない、と。弁別的な知と一体的な知。それら以外の知の在りようは、人知を超えた超越者の次元にしか認めようがないからである。自罰の思想を背景とした鬱情態に沈む者がもし治癒するとすれば、あるいは、彼（彼女）が治癒の可能性を到来の方向に向けてかすかに見いだすことができるとすれば、それは、「主観―客観」構造を徹底することによってでしかありえない。「主観―客観」構造のもとで鬱病者は、自己が自己自身を突き放して怜悧に凝視するという視座に立つ。この視座が極限化して自罰の意識を生み出し、それが自死願望につながるとき、その願望を抑止するものは、やはり「主観―客観」構造以外にはありえない、とわたしは思う。自罰を欲し、自死すら願う自己。そうした自己をもさらに突き放し、それをさながら他者であるかのごとくに冷徹に観察するもうひとりの自己を確立すること以外に、自罰の思想を背景とする鬱病を治癒の方向へと導く手立てはない。具体的にいおう。自罰と自死に固着する「わたし」を、そのような在りようも可能性としては在りうるものとして、冷静に見詰める。鬱病者は、「わたし」のそのまなざしが、自己自身への同情も共悲も伴うことなく、無感動に、現に在る事実態を在るがままの現実として受け容れようという志向性をもつのを自覚するとき、鬱という自己の心的態様を生のままの姿で受けとめることができる。つまり、「わたし」が鬱に陥っているという事実を、自然科学の数式をとらえるような客観的な視点から眺め、そのような「わたし」と心静かにつき合ってゆこうとする態度をとるとき、鬱病者は極限的な鬱情態から解放され、自罰や自死への願望を捨棄することができる。わたしはそのように考えるがゆえに、「主観―客観」構造を固守すべき必要性を強調する。ただし、わたしには、「主観―客観」構造の固守が自然状態でおのずからに可能になるとは考えられない。それを可能にするには、鬱に沈む精神のただなかをある種の衝迫力が貫いていることが不可欠だと思われる。理性の力が、それである。

鬱は、感性もしくは感情のゆらぎにほかならない。そのゆらぎを他人事のように突き放してとらえることができる権能があるとすれば、それは理性の力以外には考えられない。したがって、わたしは、理性主義的な立場に立つことこそが鬱を解消の方向に向かわせる唯一の方途であると思う。絶対知の自己展開を世界の自発自転の相として観望するヘーゲル的な理性の立場が、キルケゴールの実存哲学によって拒絶されたこと、さらには近代的理性がポストモダンの哲学によって排拒された歴史を知りながら、あえて理性の権能を強調することは、すでに乗り超えられた立場への回帰として、あるいは守旧的な復古思想として嘲笑の的となるかもしれない。しかし、人間が「ことば」（ロゴス）において思索し、互いに交流する動物である点を顧慮するならば、「ことば」と等号によって結ばれる「理性」を、歴史の遺物として軽視することは、人間性の本質を無みしてしまうことにつながりかねない恐れがある。理性。それはたしかに使い古された概念である。感性的情動の心底でのうごめきを感知してしまった現代人にとって、理性の復権を唱えることはおよそ愚劣な振舞いのように映るかもしれない。けれども、全人口の二割以上にも及ぶ鬱病者を抱えこんだこの世界において、鬱に陥った自己を客観化し、それを乗り切る手立ては理性が有する厳格なまでの冷静さを回復すること以外にはありえない。もし鬱病者に治癒への希望を垣間見させることが社会の平穏を維持することに直結しているとすれば、そうした維持の営みを根底から支えるものは理性以外の何ものでもないと思われる。鬱が蔓延する現状を閲するならば、理性は現代社会に必須の権能としていまだにその効力を失ってはいないというべきであろう。感性の動揺を抑止するものは感性ではありえない。それは理性の力以外にはありえないのだから。

しかし、鬱情態を改善するためのよすがとして理性の権能を強調することが至極妥当であるとしても、すべてを理性によって割り切ることには弊害が伴う。古来人間は、ホモ・サピエンス、すなわち理性をもつ者と規定されてきた。この規定には差別化の原理が働いている。理性をもつ者のみが人間であるとすれば、人間の姿を取りながらも理性を欠いている者は厳密には人間の名に価しないとされ、人間の枠組みから排除されてしまうからである。理性的に思惟することが困難ないしは不可能であっても、感性的に世界に反応することが可能な人間を、人間の範疇から除外することははたして妥当なのか否か。理性主義にはつねにこうした問題がつきまとう。この問題は、脳死および臓器移植の可否をめぐって顕在化する。脳死とは、理性の能力が死滅し考えることが不可能となった状態を指し、臓器移植とは、そうした理性を欠落させた存在者を単なる物体と見ることによってはじめて可能となる医療行為だからだ。次章では、脳死を人間の死と見なすことが妥当か否かを検討しつつ、理性の権能に人間の本来性を認める理性主義がどのような問題を孕むのかをあきらかにしてみたい。

第二章　脳死は死か？

1

脳死が人間の死と見なされ、脳死者からの臓器移植が正当な医療として法制化されてから、すでに久しい年月が過ぎた。ほとんど新聞を読まず、テレビも見ない、あまつさえインターネットとも無縁なわたしは、その後わが国においてどのような移植医療が行われているのか、具体的にはほとんど何も知らない。そのような時勢に疎い人間が、「脳死は死か？」といった問いを発し、何らかの問題提起をしようなどとは、実に僭越な行為ではないか、と恐れる。そればかりではない。わたしは、脳死が「脳幹を含む全脳の不可逆的停止」であるということ以外、脳死の定義については何も理解していない。ありていにいえば、脳死とは脳が死んだことを意味するということくらいしか分からないのである。にもかかわらず、わたしがあえて「脳死は死か？」という主題を設定してこのような文章を書こうとするのは、脳の死をそのままただちに一個の人間の死と認定する態度が、ある種の偏った思考に根ざしているように思えて仕方がないからである。

ある種の偏った思考。それは、畏友阿内正弘が『理性の光と闇―理性の伝統から共感の伝統へ―』（北樹出版、一九九七年）でその問題点を鋭く指摘した西欧の理性主義的思考である。前章でも指摘したように、人間の理性は感性の動揺を抑止するという重要な機能を担う。理性なくしては、ゆれ動き、時に憂鬱な情調に陥る自己を制御することができないのが、人間の本性というものであろう。その意味において、理性の権能を重視する理性主義は、人間的生を円滑ならしめる原拠とさえいえよう。しかし、理性主義は、理性を万能視しその権能から逸れるものを全的に排除するとき、どこかに異様な発想を抱えこんでしまう。もし、脳死を死と認定する態度がそうした異様な発想に根ざすとすれば、そこには見過ごすことのできない問題が孕まれているように思えてならない。

もう十数年以上も前のこと、脳死をめぐって真剣に議論が闘わされていたまっとうな時代があった。その時代をここであえて「まっとうな」と形容したのは、脳死認定および臓器移植の法制化が国会でなされたとき、ほとんど何の議論も行われず、拙速な多数決が採用されたのに比べると、当時はまだ真摯な識者たちによって、けっして少数意見を無視しない民主的な議論がなされていたといえるからである。ちょうどそのころ、米国で脳死者が子どもを出産したという事例が、マスコミによって紹介された。これは衝撃的な事例だった。もし、脳死が端的に死を意味するとすれば、死者が子どもを生んだということになり、無から有が生じたと考えざるをえないからである。はたして、超越者でもない人間が無から有を生ぜしめることができるのか、すなわち、死者は子を出産することができるのか、ひょっとすると脳死を死と判定すること自体に問題があるのではないか。この事例に接したとき、多くの人々はそのように感じたのではなかったろうか。すくなくともわたしは、そのように感じた。その当時はまだ脳死について真剣に考えていなかったわたしの場合、それはあくまでも「感じ」でしかなく、「理性」的な思索にまで達してはいなかったけれども。また、そのころ、河合隼雄氏は、梅原猛氏との対談のなかで次のような事例を紹介していた。やはり米国でのこと。バイク暴走族の青年が交通事故で脳死状態に陥った。脳死をただちに個体の死と認定した医師は、七十歳の老婆にこの青年の心臓を移植した。移植医療においては、レシピエントに対してドナーはあくまでも秘匿されている。だから、移植を受けた老婆は、自分の新しい心臓が暴走族の青年のものだとは知る由もなかった。ところが、移植を受けて病状が恢復するころ、その老婆は、無性にバイクに乗りたくて仕方がなくなった。老婆は、バイクどころか自転車を運転することすらできなかったにもかかわらずである。このことは、人間の意識作用に関してある事柄を暗示している。

わたしたちは、通常、物を考え感じる中枢は脳にあると考えている。近年の脳科学のいちじるしい進展は、そう考えざるをえないようにわたしたちを仕向けているといってもよいかもしれない。現代にあってこうした考え方に異論を唱えることは、無知蒙昧を露呈するに等しいことといっても過言ではないであろう。わたしには科学的な真理は見えないけれども、おそらくその考え方は正しいのではないかと感じられる。考えることの前提となる身体的機能、すなわち物を見、聞く機能が目や耳の上方の器官である脳に由来するという認識は、わたしたち現代人の皮膚感覚にすらなっており、それを否定する根拠はどこにもないように思われる。だが、脳が考え、感じるということは、ただ脳だけが考え、感じるということと同義なのだろうか。わたしたちは、苦しい出来事に出会い苦慮を迫られたとき、胃がきりきりと痛むのを感じる。それがひどくなると、胃潰瘍や十二指腸潰瘍を発症してしまう。脳が何らかの分泌物を出さなくなるからだとも考えられるかもしれないが、外界の苦痛に対して胃が何かを感じていると見ることもできるのではないだろうか。

西欧には、古来、「心」の中枢は脳に在るのか、それとも心臓に在るのかという問題をめぐってかまびすしい議論がなされてきた。現代ではそれは脳に在るとほぼ結論づけられているが、上述の心臓移植を受けた老婆の例を見ると、それが心臓に在ると考えることもあながち妄説ではないように思われる。バイク青年の心臓がバイクに乗りたいという「感じ」をもっていた。わたしには、彼の心臓を移植された老婆にその「感じ」が乗り移ったと見ることはさして不自然ではないように思えるのだが、いかがなものであろうか。考えるという営みをつかさどるのは、やはり脳かもしれない。しかし、胃や心臓などの臓器も、考えることはないとしても、何かを感じることがあるのではないか。もしこの推察が多少なりとも妥当性を有するとすれば、脳死を一個の人間の死と断定し、その身体から臓器を移植用に抜き取ることは、何かを感じている者を強引に死者と認定してしまうこと、つまり、まだ生きている人間を殺してしまうことを意味するのではないかと思われる。

わたしには、以上のような事例を見ただけでも、脳死は人間の死とは断定できないように思える。感じることも人間の重要な能力であり、たとえ考えることができなくても、感じることができるならば、その感覚の主体はあくまでも人間であると思うからだ。ところが、欧米人や、あるいは欧米的な教育によって育てられた現代日本の多くの若者たちはそうは考えない。彼らは、考える能力こそが人間の根本であり、考えることができなくなった者はもはや人間ではない、と認識する。わたしはいまの勤務先で「倫理学通論」という科目を担当している。その科目では、ライフワークともいうべき「愛」と「死」の問題を一年間講義するのだが、毎年最終学期の試験に「脳死および臓器移植について思うところを述べなさい」という問題を出すことにしている。学生たちのあいだには様々な意見があり、なかには脳死を死とは認めず、臓器移植を否定する者も多数いる。しかし、それよりもさらに目立つのが、「物を考えられなくなってまで生かされていたくない。さっさと臓器移植をしてほしい。その方が人のためになるのだから」という論調であいることが分かる。「人間とは考える存在者である」という認識が若者たちのあいだに、広くかつ深く滲透している。

こうした認識の背景には西欧的な理性主義がある。現代のわが国の若者たちのあいだに、いかに深く西欧的な理性主義が食い入っているかを示す事例といえよう。しかし、西欧的理性主義とは、どこにも瑕疵をもたない完璧に正しい思考なのだろうか。考えることだけを人間の根本的能力と見なす考え方には、偏頗なものは見あたらないのであろうか。わたしには、西欧的理性主義が決定的に正しいとは思えない。西欧的理性主義には、わたしたちが日常的にはほとんど気づくことのない奇怪な問題が孕まれているのではないか。以下、本章では、畏友阿内正弘の遺作『理性の光と闇―理性の伝統から共感の伝統へ―』を念頭に置きながら、わたしなりに西欧的理性主義の問題点を浮き彫りにし、ひいては、「脳死は死か?」という問題に何らかの回答を与えてみたい。

2

古代ギリシアでは、人間は、homo sapiens すなわち「知あるもの」と定義された。人間とは、理性の能力を駆使しつつ人生の根幹に関わる様々な問題について思いをめぐらす動物だというのである。たしかに、己れの生がいかなるものであり、またどのように在るべきかを思索する動物は人間だけであろう。近年の動物学の成果によれば、クジラやイルカ、あるいはチンパンジーなどの高等哺乳類にも思考能力があることが判明しているが、彼らがその生の意義までも思索するかどうかは疑問である。その意味で、古代ギリシアの人間に関するhomo sapiensという定義は正しい。古代ローマを代表する弁論家でもあり思想家でもあったキケロは、人間を、homo loquensすなわち「話すもの」と規定した。これは、一見、古代ギリシア以来の人間の定義をはみ出すもののように見える。しかし、loquorするということ、すなわち話すということは、理性の能力に基づいてこそ可能になる行為であり、理性を欠くならば、人間はとうてい話すことなどできはしない。したがって、人間を「話すもの」と規定することは、人間を「理性をもつ者」と定義することと同義であり、キケロのこの規定は、古代ギリシア以来の伝統に逆らうものではなく、むしろそれに棹差すものというべきであろう。

人間の定義に関する古代ギリシア以来の伝統は、その後西欧世界全体の通奏低音として響き続けたといっても過言ではない。たとえば「ヨハネによる福音書」は、その冒頭部分で「始めに言があった。言は神であった。この言は神と共にあった。万物は言によって成った。成ったもので言によらずに成ったものは一つもなかった。言の内に命があった」と記している。ヘブライズムはヘレニズムとは別系の思潮であり、聖書の文言を古代ギリシア思想に引きつけて解することは、かならずしも妥当であるとはいえない。しかし、ここでいわれる「ことば」(言)が、ギリシア語でロゴス(logos)と書かれている事実は、西欧思想の二つの源流のうちの一つであるヘブライズムにも、理性尊重の思念があったことを如実に告げている。ロゴスとは、ことばを意味すると同時に理性をも意味し、「始めに言があった」という言説は、世界創世の始原に理性を見いだす考え方と表裏一体をなすからである。厳密にいえば、ヘブライズムは、古代末期の思想家アウグスティヌスにおいてヘレニズムと出会い、プラトン以来の哲学的伝統を吸収しつつ、独自のキリスト教神学を確立してゆく。その確立過程のなかで、理性は神に由来するものと目され重要な意義を担うようになる。たとえば、アウグスティヌスはその著作『秩序論』のなかで、理性をもつか否かを基準にしてすべての存在者を位階づけようとする。すなわち、アウグスティヌスによれば、理性を有する度合い(理性の強弱)に応じて、存在者はつぎのように位階づけられるという。神、天使、人間、動物、植物、無生物という順に。

ここでは、神は理性そのものと目され、最高位に置かれる。天使は、純粋形相であり純然たる理性者ではあるものの、形相をもつという点において無形の神の下位に位置づけられる。人間は、形相とともに質料をもつ存在者であるがゆえに天使に後位する。だが、人間は、神によって理性を与えられた地上における唯一の存在者であり、それゆえに「神の似姿」(imago Dei)として、動物、植物、無生物に対して決定的な優位を保つ。動物は、それなりに思いをこらし、事物を感じ取る能力をもっているけれども、理性的に思考するとはいえず、したがって、人間の下位に甘んじることになる。植物は、生命ある存在者ではあるものの、考えることも感じることもないという意味で動物に劣る。考えもしなければ感じもせず、あまつさえ生命性にも欠ける鉱物などの無生物は、存在者の位階の最底辺に位置することになる。このように、すべての存在者（厳密には、神は「存在者」ではなく「存在」と呼ぶべきであろうが）を、理性をもつか否かを主たる基準にして序列化しつつ、アウグスティヌスはいう。地上における唯一の理性的存在者であり、神の似姿でもある人間は、他の動物や植物、無生物を自己の利益に即して、自由に利用することができる、すなわち、人間以下の他のすべての存在者は、人間の用に供されるべく存在しているのだ、と。

梅原猛氏は『脳死は死でない』において、脳死を一個の人間の死と断定する思考の背後に、デカルト以来の西欧的二元論が存していると主張する。思考をその属性とする精神と、延長をその属性とする物体とを二元的に区別し、精神の側からの物体（肉体）に対する一方的な働きかけに注意を払うデカルト的思惟が、梅原氏のいうように、たとえ物体としての人間が生きているとしても精神が終わりを告げたならば人間は死んだことを意味するという認識を生み、その認識が、脳死を一個の人間の死を示すものとする考え方をもたらしたことは、おそらく否定できない。ただし、「脳死＝死」とする西欧的発想の根源をデカルトに求めることは妥当ではない。それは、すでにアウグスティヌスによって哲学的に体系化されたキリスト教思想のうちに淵源を有していたというべきであろう。なぜなら、理性によってすべての存在者を価値的に序列化するアウグスティヌスの思考は、理性あるもののみを人間と見なし、それを欠くに至ったものをもはや人間ではないとする認識を生み出すからである。わたしは、寡聞にして、アウグスティヌスが理性の座を脳に求めていたか、それとも心臓に求めていたかを知らない。しかし、理性の宿る場所は脳か心臓かという長期にわたる議論が、西欧近代において決着を見たことは、ほぼたしかである。西欧近代は、理性の座を脳と見なした。こうした近代的認識とアウグスティヌス以来の伝統的な理性主義とが出会ったとき、西欧思想は、脳の機能が活動しているものが人間であり、その活動を喪失したものは人間ではないという認識を得た。「脳死＝死」ととらえる発想は、こうした認識に支えられつつ確定された。

したがって、脳死を一個の人間の死と見なす考え方の根源は、ギリシア、ヘブライ以来の哲学的伝統にあったと見てよい。西欧の近代は、科学技術をいちじるしく発展させた。その発展の背後には、人間に対する自然、すなわちアウグスティヌスが序列化する動物、植物、無生物を、人間は己れの利益のために自在に利用することができるし、またそうすべきであるという発想が存していたことは疑いえない。ヘレニズムの影響下に哲学的に体系化されたキリスト教思想は、自然を人間のために在る存在者と規定する。この規定こそ、西欧近代における自然科学の発展の動因であったといえよう。自然科学は、一般に考えられているように、宗教を無化することによって、換言すれば無神論を標榜することによって発展したのではない。それは、キリスト教思想に裏づけられていちじるしい発展を遂げたのである。たとえば、ニュートンは、神が世界に与えた法則性を解明しようという意図のもとに自然科学の研究を推し進めた。彼のいう絶対時間、絶対空間とは、神がそこに示現する場にほかならない。アウグスティヌスによって体系化されたキリスト教思想に足場を置く人々（ニュートンのような自然科学者たちを含む）は、理性者たる人間の自然に対する優位を確信する。その確信のもとで、理性の座たる脳の生死がそのまま一個の人間の生死を決するという考え方が生まれたのであった。その意味で、「脳死＝死」という認識に立って、臓器移植を正当化しつつそれを推し進めようとする現代の医師たちは、例外なしにアウグスティヌスの思想に連なる人々であると断定してもよいであろう。

古代ギリシア以来の伝統を引き継ぎつつ、アウグスティヌスによって焼き直され、やがてデカルトの心身二元論へとつながる西欧的理性主義は、理性の権能を最重要視し、理性あるものこそが人間であるとする。こうした考え方は、現代の日本人のあいだでも通有的であるといってよい。現代の日本人は、幼少年期以来、西欧的なシステムとして確立され西欧的思考を鼓吹する学校教育のなかで育てられる。国語（とくに古文）や漢文、あるいは日本史などの教科をとおして、東洋的な思索に触れはするものの、それはごくおざなりなものにすぎない。英語はもとより、数学や理科などの主要科目は、そのほとんどすべてが西欧の文字で書かれた原著の翻案であり、それらを学ぶことによって、現代の日本人は、ごく自然に西欧的思考のパターンを身につけてゆく。そうした現代の日本人にとって、脳死を一個の人間の死と見なし、脳死者からの臓器移植を他者を利するための正当な行為ととらえることは合理的であろう。しかし、「脳死＝死」という認定に立ち、臓器移植を推進しようとするとき、現代の日本人は、みずからの伝統思想が西欧的理性主義に対してある種の異議申し立てをなしうることを失念している。しかも、それは、西欧的理性主義がその内部に抱えこんでいる決定的ともいうべき問題点を閑却することを意味している。

3

上述のように、キケロは人間を「話すもの」と規定した。これは、人間が理性をもち、その働きに基づいて話すことができる存在者として定義づけられたことを意味する。大多数の人間は、たしかに話すことができる。したがって、キケロの規定は、人間のほとんどを掬い上げるもので、人間一般の定義として申し分のないもののように見える。しかし、人間のなかには、生まれつきの障害によって、あるいは後天的な疾病（口頭癌など）のために話すことができない者がいる。こういう人々は、キケロの規定によればいったいどういうことになるのであろうか。話すことができるということは、理性の働きを前提としている。たとえ他者に対して話すことができないとしても、頭のなかで理性的に思惟することができれば、その人は「話すもの」に属することになるのかもしれない。というのも、頭のなかの思考とは、内面の対話にほかならないからである。わたしたちは、内面にある問題を立て、それに対する回答を模索する。その際、回答に向けて複数の道筋を立てる。どの道筋が最適かを探るとき、わたしたちは内面で口に出さない対話をする。すなわち、自己が「これはこういうことではないか」という問いを発し、もうひとりの自己が「いやそうではない」と応え、さらにその応答に対して自己が応ずる、という形で内的対話が進行するのである。このような自己内対話が可能であるならば、たとえ声に出して話ができないとしても、その人は人間であるということになるであろう。ところが、人間のなかには、重度の知的障害のゆえに、外部に向けての発話はおろか自己内対話すらまったくできない者がいる。キケロの規定を尊重するならば、このような人々は人間ではないということになってしまう。これは、はたして正常な人間観なのだろうか。

　厳密に理性主義を適用するならば、どのような意味でも話すことができず、したがって理性をもたないと判定されるものは、人間ではありえない。すると、重度の知的障害者は人間ではないということになるのだが、人間についてのこうしたとらえ方に、わたしたちは素直に納得することができるのだろうか。こういう事例を仮定してみよう。いまここに、厳密な理性主義者の男がいる。その男の家には、一語も理解できず一語も発することのできない重度の知的障害児と、人間のことばを数百語ほど自在に操りワードプロセッサーのキーボードをたたいて人間的な感情を表現することのできるチンパンジーとがいるとしよう。その男の家が突然火事に見舞われた。男は何とか脱出したが、家には重度の知的障害児とチンパンジーとが取り残されてしまった。男は、全身に水をかぶって、二人を救出するために家のなかに飛びこんでゆく。ところが、燃え盛る紅蓮の炎に阻まれて、男は二人を同時に救出することができず、どちらか一方しか救えない。さて、このとき、厳密な理性主義者のこの男は重度の知的障害児とチンパンジーのどちらを救出しなければならないのだろうか。

理性主義的な発想によれば、人間のことばを一語も理解できず、一語も発することができない重度の知的障害児は、理性を欠くがゆえに人間ではない。しかし、数百語にも及ぶ人間のことばを自在に操ることのできるチンパンジーは、形態は人間ではなくとも、その本性において人間だということになるのではないか。そうだとするならば、燃え盛る炎のなかでいずれを救うべきかは、おのずからに決まってくる。「厳密な理性主義者であり続けようとするかぎり、男は、重度の知的障害児を見捨てて、チンパンジーを救出すべきなのだ。こうして、男はチンパンジーを救い、重度の知的障害児は、炎に包まれて断末魔の叫び声を上げる。わたしたちは、この男の行動を人間にふさわしい行動として高く評価することができるであろうか。理性主義に徹するかぎり、わたしたちは男の行動を称賛しなければならない。彼は人間にあらざるものを見捨てて、人間を救ったのだから。しかし、男を称賛するわたしたちの内面には、どこかしら割り切れないものが残りはしないだろうか。重度の知的障害児を人間ではないと考える、その考え方のどこかに偏頗なものを感じはしないだろうか。そのような「感じ」をもつとしても、わたしたちはそれを容易に論理化することができない。否、理性主義を信奉するかぎり、その論理化は不可能な事柄に属するだろう。だが、論理化の途を断念してもなお、わたしたちの心の奥底には、どうしても割り切れない「しこり」のようなものが残るに違いない。

もし、わたしたちが、そのようなしこりがどうにもならないわだかまりとなって精神の一隅にとどまることを自覚するとすれば、わたしたちは、脳死を一個の人間の死と断定する認識に対しても、一抹の不安を覚えざるをえないであろう。理性の座は脳にある。脳が死んだとすれば、すでに理性は死滅しているのだから、脳死者は間違いなく死んだ物体なのだ。そのように考えることに対して、わたしたちは感情的な面で躊躇せざるをえないのではないか。それを躊躇するのは、理性主義だけが唯一の人間観ではないことを、ほとんど無意識のうちにわたしたちが理解しているからにほかならない。理性主義とは別種の人間観とは何か。それは本章において論ずるべきもっとも重要な課題であろう。その課題を果たすためには、その前にまず、理性主義に根ざしかねないことを指摘しておかなければならない。

理性主義的な人間観によれば、理性をもたないものは人間ではない。重度の知的障害児は、形のうえでは人間であるが、その本性において人間であるとはいえない。だとすれば、重度の知的障害児は、人間の下位に位置する動物にすぎない。否、動物のなかにも、クジラやイルカなどのように仲間同士の交信が可能な種族がいる事実に重きを置くならば、重度の知的障害児は、動物以下の存在者ということになるのかもしれない。アウグスティヌス以来のキリスト教思想は、人間が動植物や無生物を己れの用に供することは神によって許されていると考えてきた。この考えを押し広げてゆけば、理性を備え「神の似姿」である人間は、人間以下の存在者にすぎない重度の知的障害児を、自己の利益のために利用できることになる。理性をもたない重度の知的障害児は、脳死者と同列に扱われうる。脳死者とは、理性を失ったのちになお人間の形態を保っているにすぎない動物ないしは物体なのだから。こうした観点に立つとき、わたしたちはある恐るべき計画を立てることが可能になる。臓器移植を必要としている人々の数に比べて脳死者の数がいちじるしく少ない現状を顧慮するなら、臓器の生産が必要になる。ところが、不幸なことに人工臓器はいまだ完成の域に達していない。となれば、理性を欠いた脳死者と同列の重度の知的障害児を臓器移植用に「培養」し、いつでも臓器移植が可能な状態を作っておく必要があるのではないか。そのような考え方のもとに、わたしたちは「臓器牧場」を計画しかねない。重度の知的障害児ばかりではない。先天的に脳を欠いた無脳児も「臓器牧場」で臓器移植用に培養すればよいではないか、とわたしたちは考えかねない。もとより、ここに述べたことは、いまのところ地球上のいかなる場所でも実行に移されてはいない。それはまだ、SF的虚構にすぎないと断言してよい。しかし、多くの貧困国で人間の臓器が売買されている現実は、右に述べたような事態が単なる空想にとどまるものではないことを如実に示しているのではないか。このまま理性主義的人間観が人々のあいだに広くかつ深く滲透し続ければ、やがてそうした事態は現実のものとなってしまう可能性がある。

臓器牧場。実に不気味なことばである。だが、このことばが理性主義の滲透に伴って現実化してしまう可能性は、けっして低くはないように思われる。こうしたいびつで不気味なことばの現実化を阻むためには、理性主義に代わる別の人間観を確立することが急務であろう。別の人間観。それは、近代化以前の、非ヘレニズム的、かつ、非キリスト教的な人間観を思い起こすことをとおして確立しうるものではないか。非ヘレニズム的でしかも非キリスト教的思惟様式としてわたしたちが即座に思い浮かべるものは、東洋的思考であろう。もちろん、西欧的思考の欠陥を東洋的思考が補いうると考えることは、安易な楽観論にすぎない。かつて近代化を妨げる桎梏として機能していた東洋的思考には、西欧的思考とは別の意味での欠陥があると見るべきであろう。近代化が全面的な正義だというのではない。しかし、近代化によって育まれた精神が、一面において人間的自由を保証してきたことは厳然たる事実であり、しかも、その自由が人間に多大な福利をもたらしたことは否めない。このことに着目するならば、近代化の手枷足枷となった東洋的思考に、もっとも近代的な問題の一つである理性主義の問題を解く決定的な鍵を見いだそうというのは、時代錯誤もはなはだしいといわざるをえないのかもしれない。だが、それにもかかわらず、東洋的思考が理性主義的人間観を克服するための一つの手がかりを与えてくれることだけはたしかである。繰り返し強調するが、東洋的思考が西欧的思考の欠陥を補正するとはいいきれない。しかし、東洋的思考を西欧的思考の文脈のなかに投じ入れて新たな思惟様式の構築をめざすことは、けっして無意味なわざではないと思われる。

4

日本書紀の孝徳紀によれば、中大兄皇子が妃蘇我造媛《そがのみやつこひめ》を喪ったとき、野中川原史満《のなかのかはらのふひとまろ》は皇子につぎのような歌を献呈したという。

本毎《もとごと》に花は咲けども何とかも愛《うつく》し妹《いも》がまた咲き出来《でこ》ぬ（日本書紀歌謡、一一四）

一首は、「木の一株ごとに花は咲き匂っているのに、どうしていとおしい妻はもう一度咲き出てはくれないのか」という意。自然の恒常性との対比のもとに、人間の生命のはかなさを切々とうたいあげている。ここでは、人間が「咲き出」るもの、すなわち植物的存在者ととらえられている。こうしたとらえ方が、比喩的表現であることはことさらに強調するまでもない。しかし、比喩を用いるに際して、あえて植物（花）を選んだところに、古代的心性の特徴を見いだすことは、けっして不可能ではない。作者野中川原史満が、陳の思王植の後裔を自称する渡来人の家系に属することを顧慮するならば、人間存在を植物に擬してとらえる発想が、日本人のみに固有なものであったと断言することは憚られる。だが、当面の一首が中大兄皇子の心の琴線に触れ、彼によってすこぶる嘉されたと伝える孝徳紀の記事に着目し、かつは倭歌（和歌）という表現形式が日本人に独特な思念を盛りこむ器として発展してきた経緯に留意するならば、人間を植物的存在者ととらえる考え方は、日本人の精神史のかなり古層に属するものであったと見ることができよう。

ちなみに、天孫ニニギノミコトとコノハナノサクヤビメとの聖婚譚を、古事記はおよそつぎのように語っている。すなわち、ニニギノミコトが見目麗しいコノハナノサクヤビメと出会い、婚姻を申し入れたところ、コノハナノサクヤビメは、父オホヤマツミと相談したうえでお答えしたいといった。この話を聞いたオホヤマツミはいたく喜び、コノハナノサクヤビメに姉イハナガヒメを付けてニニギノミコトのもとに送った。ところが、姉イハナガヒメは、妹とは対照的に容姿の醜い女性だった。そのあまりの醜さを「見畏《みかしこ》」んだニニギノミコトは、イハナガヒメをオホヤマツミのもとに送り返した。このニニギノミコトの行動に関してオホヤマツミは、慨嘆しつつ、つぎのように語ったという。「わたしが、二人の娘をニニギノミコトに献上したのは、イハナガヒメを娶れば、ニニギノミコトのお命は、岩のごとくに永遠なものとなり、コノハナノサクヤビメを娶れば、咲き匂う木の花のごとくにお栄えになると考えてのことであった。ところが、いま、イハナガヒメをお返しになった以上、ニニギノミコトのお命は、木の花が咲くごくわずかなあいだのみ、この地上にとどまることになるであろう」と。古事記はいう。これによっていまに至るまで天皇たちのお命はけっして長くはないものになってしまった、と。太平洋南洋諸島には、部族の最初の夫婦が創造神に石よりもバナナをねだったために、その後の部族の人間は皆バナナのように短命になってしまったと語る、いわゆる「バナナ型神話」が広く分布している。当面のニニギノミコトとコノハナノサクヤビメとの聖婚譚は、この「バナナ型神話」の一類であり、話柄自体はさほど目新しいものではない。しかし、天皇の寿命に限界があることを説明づけるこの聖婚譚において、そうした限界性が桜花のはかなさになぞらえられていることは、人間存在を植物的存在ととらえる発想が、日本神話の古層にまで遡ることを明瞭に示している。この点を顧慮するならば、古来日本人は、人間の生死を、植物の生長から枯死に至る過程に即してとらえていたことが分かる。右に掲げた野中川原史満の歌とこの聖婚譚とは、日本人の死生観が、人間の生き死にを植物の生き死にになぞらえてとらえるものであったこと、すなわち「植物的死生観」にほかならなかったことを如実に告げている。

ここで、参考になることは、日本語の身体を表わす名称が、植物とのあいだに深いつながりをもっていることである。たとえば、鼻、目、頰、身は、それぞれ、花、芽、穂、実に対応している。このように、人間の身体が植物的なものととらえられるとすれば、身体の成長から死滅に至る過程も、植物の「発芽→生長→結実→枯死」という生成・消滅の過程をじかに反映するものと目されていたものと考えられる。人間の死を端的にいい表わす「死ぬ」ということばは、植物の生命力の衰微を示す「萎ゆ」という語と縁が深いという。このように、日本語は、植物的死生観を反映する名称に溢れている。人間の生死を植物の生死に擬してとらえる発想は、人間存在を植物的存在と見る認識と表裏一体をなしている。植物的存在者としての人間は、理性の主体としてのみ規定されはしない。日本人も、古来、考える主体として人間をとらえる見方をもっていたであろう。そうでなければ、萬葉集や記紀が、国家や個人をめぐって多様な思念を披瀝するという事態は起こりえなかったであろう。しかし、このことは、日本人にとって、感じる主体、すなわち感性の担い手が人間のみであることを意味してはいなかった。日本人にとっては、人間、動物のみならず、植物もまた感性の主体でありえた。そうであるかぎり、日本人は植物化してしまった人間を、単純に死者と認定することはできなかったはずである。

古代インドには、すべての動物に仏となりうる性質、すなわち仏性が宿るという認識があった。のちに如来蔵思想として系統化されるこの認識は、中国大陸、朝鮮半島を経て日本に伝わる際、伝統的な神祇信仰と結びついた。神祇信仰においては、人間のみならず、動物や植物にも、あるいは大地などの無生物にも、タマという霊的な存在が宿るとされる。たとえば、人間に宿るヒトダマ、ことばに宿るコトダマ（言霊）、木に宿るコダマ、土地に宿るクニダマ等々である。如来蔵思想は、こうした神祇信仰のいわば一種のアニミズムと深く結びつくことによって、人間や動物のみならず生きとし生けるもののすべてに仏性が内在するという思想を生んだ。この思想に基づいて思惟するとき、日本人は、考える能力（理性）を失ったという理由で、その主体を端的に死者とは見なしえなかったはずである。たとえ考える能力を失ったとしても、植物と同様に、風や虫の羽音、陽光の温もりなどに感応しつつ生存を保っている人間は、けっして死んではいないというのが、日本人の死生観の根幹をなす伝統的な思惟様式であったように思われる。

こうした思惟様式に基づいて人間の生き死にの問題をとらえる日本人が、近代の西欧人と同様に、脳の機能を失ったものはもはや人間ではない（単なる物体である）という見方を簡単に有しうるとは考えにくい。理性の座としての脳の機能を失い、思考することが不可能になったとしても、何かを感じ、何ごとかに感応しうるかぎり人間は死んではいないというのが、日本古来の伝統的な考え方ではないだろうか。理性が死滅すれば人間は物体と化する。日本人はそういう認識とは無縁であったように思われる。そのような日本人にとって、重度の知的障害者は、けっして物体化して人間的意味を失った存在者ではない。重度の知的障害者は、たしかに理性的に思考することはできないけれども、自己の存在に関わって、何ごとかを感じることができるはずである。右に挙げた厳密な理性主義者の男の家が火事になる例においても、見捨てられた重度の知的障害児は、断末魔の泣き声を発するはずである。その泣き声は、恐怖と悲しみとによって貫かれていることであろう。そのような恐怖や悲しみを感じるかぎり、彼らは人間なのである。日本の伝統思想に即するならば、人はおそらくそのように考えなければならないであろう。要するに、人間は理性の主体としてのみ在るわけではない。人間は感性の主体でもありうる。かりに理性の権能が麻痺したり機能不全に陥ったとしても、彼（彼女）が感性をもち何かを感じるかぎり、彼（彼女）は人間なのだ。日本の伝統思想に依拠するかぎり、わたしたちはそのように信じるはずである。

如上のような日本の伝統思想に立脚するならば、わたしたちは、脳死を一個の人間の死と断定することに躊躇せざるをえない。脳死者は子どもを生むこともできる。河合隼雄氏の報告例からも類推できるように、人間は、たとえ脳の機能を失ったとしても、他の臓器によって己れの心性を暗示することができる。人間は、脳死状態に陥ってもなお、植物のように何かを感じ取っているのではないか。だとすれば、脳死は一個の人間の死ではない。脳死者は、理性の力を失ってもなお生きているのだ。生きている人間を生者の側の独断によって死者と決めつけ、その臓器を奪い取ることは、人間性の根幹をゆるがす重大な犯罪行為なのではないか。わたしは、日本古来の伝統思想を重んじる立場から、そのように考える。他の日本人たちが伝統思想を尊重しているかどうか、あるいはそれを意識しているかどうかは知らない。しかし、すくなくともわたしにとっては、脳死は死ではない。したがって、臓器移植は許されることではない、とわたしは思う。ただし、わたしは、臓器移植を決定的な悪として全面的に否定するつもりはない。人間は、自己の生存を犠牲にして、他者のために尽くすという菩薩行に打って出ることがある。己れのすべてを無化して他者のために全霊を賭することは、まさに絶対的な愛であろう。こうした絶対的愛に基づいて、己れの臓器を他者に提供しようという人がいるとすれば、わたしは、梅原猛氏にならって(『脳死は死でない』)、その人の行為をすぐれた菩薩行として称賛したいと思う。しかし、脳死した場合に自身の臓器を提供する意思をもたない人の臓器を強制的に摘出し他者に移植することは、非人間的行為、すなわち悪行として全面的に排拒されるべきだと、わたしは考える。

わたしのこうした考え方は、臓器移植によってしか生命を救われず、臓器の提供者が現われることを待ち焦がれている不治の病者の悲しみを踏みにじる暴論のように聞こえるかもしれない。だが、それにもかかわらず、わたしはあえていう。臓器の提供者が脳死者に限定され、しかも脳死が一個の人間の死だとすれば、臓器の提供を待ち望む人は他者の死を願っていることになる、と。さらに、もしわたしが主張するように脳死が死でないとすれば、臓器の提供を待ち望んでいる人は、生きている人間が殺されることを待っていることになる、ともいいたい。わたしは酷薄な人間なのだろうか。そうかもしれない。しかし、脳死は死でないとする立場に立つかぎり、わたしは一部の人々に対してどうしても酷薄にならざるをえない。私事にわたることながら、ここでわたしは、自分が心臓の病を抱えていることを告白したい。この病を完治させるには、できれば臓器移植が望ましい。わたしの心の奥底には、臓器移植を望む気持ちがないではない。しかし、わたしは、自分のこの気持ちをおぞましいものとして斥けたいと思う。そこには、自分以外の人間の死を望む思いが見え隠れするからだ。自分以外の人間の死を願ってまで生きようとすること。そこに顔をのぞかせる非人間性にわたしはとうてい耐えることができない。それゆえ、わたしは、このまま臓器移植による治療を受けることなく、ひとり静かに死んでゆきたいと思う。移植医療以外の方法では治癒しえないすべての病者がわたしのようにすべきだ、とまではいわない。理性主義の立場を衷心から信奉する人であれば、脳死を死と見ることは十分に可能であるし、そうした人が、何の悪意もなく臓器の提供を待ち望むことまでも否定することはできないからだ。理性主義を奉ずるか否か。それは各自の選択の問題であり、自由意思に属する。わたしは、人間に自由があることを認める。そうである以上、わたしは、自分と異なる立場から披瀝される見解や思いを全面的に否定することなどできはしない。ただ、脳死を死と認定し臓器移植を積極的に是認する人々が多数を占める今日にもなお、わたしのように考える人間がいることを、この文章のわずかな読者に知ってもらえれば、それにまさる幸せはないと考えるばかりである。

蛇足ながら、つぎのような体験に触れておきたい。わたしがまだ大学生のころ、祖母が膀胱癌で近畿地方のある大学の附属病院に入院した。手術後の輸血の際、おそらく血液が不適合だったのであろう、祖母の全身を震えが襲った。医師はその段階で輸血を中止すべきだった。ところが医師は輸血を強行した。その結果祖母は意識を失い、外界との意思の疎通を図れない身の上となってしまった。いわゆる植物人間となったのだ。病院のベッドでただ寝ているだけの祖母を、わたしは幾度も見舞った。目を固く閉ざしたまま荒い呼吸を繰り返すだけの祖母は、もちろん、わたしが何を語りかけても応えはしなかった。それでもわたしは、祖母の耳元で何度も声を上げ続けた。「おばあちゃん、益が来たよ。大丈夫か」と。やはり何の反応もなかった。しかし、わたしは祖母が一個の人間としての尊厳を失い、事実上は死亡したに等しいなどとは考えなかった。祖母の身体を撫でてみると、まだ全身に温もりがあることが分かった。温もりをもち、呼吸し続けている祖母は、たとえ意識を失っているとはいえ、すくなくともわたしにとってはまだ生きていた。もとより、植物状態と脳死状態とは質を異にする。植物状態では呼吸、心搏等をつかさどる脳の機関としての脳幹は生きているが、脳死状態では脳幹が機能を失っている。幸いにしてわたしは、親族や友が脳死状態に陥るという事態に立ち合ったことがない。しかし、脳死者に接する家族は、わたしが植物状態にあった祖母に対して感じたのと同じ思いをもつことが多いのではないだろうか。数時間ないし数日間のこととはいえ、まだ全身に温もりを残している脳死者について、家族は「この人はもう死んで物体になってしまったのだ」と割り切ることができるのだろうか。みずからの体験に基づくわたしのこうした言説が、情緒的なものにすぎないことは重々承知している。それでもなお、わたしはいいたい。身近なものの脳死に接して、あっさりとそれを一個の個体としての人間の死と断定できるような人は、たぶん強い人なのだ、そして、その強さは、理性へのこだわりによって感性を犠牲にするところに、おそらくは成り立っている、と。

5

「脳死は死か？」という問いに対して、わたしは「それは死でない」という回答を与えた。繰り返し強調するならば、脳死を一個の人間の死と断定する思考の背後には、西欧的理性主義が厳然と存在し、すくなくともわたしのような東洋、ひいては日本の思想的伝統を重視する人間には、この理性主義が感性の働きを無視する点において重大な問題を抱えこんでいるように見えるからだ。わたしは主として日本的伝統の流れに棹差しつつ、この問題を執拗に提起してきた。しかし、「脳死は死でない」という回答を導くに至ったわたしの思念は、現今の日本社会を生きる多くの人々にとっては、もはや守旧的な観念論の域を出ないように見えることであろう。一九九〇年代に脳死を死ととらえてよいかどうか、脳死者からの臓器移植は正当な医療行為か否かが、脳死臨調などで公的に議論されていたころ、マスメディアは、盛んに脳死および臓器移植をめぐって世論調査を行った。それらの世論調査によれば、脳死は人間の死で、脳死者からの臓器移植は正当な医療行為であるとする臓器移植推進派と、脳死は死ではなく、したがって臓器移植は違法であるとする反推進派とは、その数においてほぼ拮抗していた。ところが、国会で、ほとんどまっとうかつ慎重な議論がなされることなく、脳死を死と認定し、臓器移植を正当化する法案が可決され、大学病院を中心とする多数の大規模病院で実際に臓器移植医療が行われはじめて以後、マスメディアは脳死および臓器移植に関して、ほとんど世論調査を行わなくなってしまった。以後、「脳死は死か?」という問題提起自体が風化し、世人は、脳死を死と断定することに対して何の違和感も覚えなくなってしまったようだ。こうした情況のもとで、あえて「脳死は死か?」という問題提起を行う本書の姿勢は、過去から亡霊を呼び出すことにも似た愚行に映ることであろう。

わたしは、死生観に関する日本的伝統ということを強調した。その際、わたしはどうやら、日本人が有する一つの特徴的な性情について言及することを怠ってしまったようだ。すなわち、理性主義のもとに物事を理念的に思索し、多数者の合意に基づいていったん定立した理念については、これを情況の変化にもかかわらずあくまでも固持しようとするのが西欧人の性格的特徴であるとすれば、これに対して、日本人は理念の構築に関してけっして無関心ではなく、一応は理念を打ちたてるものの、理念を取り巻く「周り世界」の情況が変化すれば、それを弊履のごとくに捨ててしまう傾向をもつ点である。脳死・臓器移植問題をめぐる情況は一九九〇年代と現代とでは大きく変わってしまった。臓器移植は日常茶飯事のごとくに行われおり、もはやほとんど誰ひとりとして「脳死は死か？」と問おうとはしない。「脳死＝死」という認識、そして臓器移植を正当な医療行為と見る認識は、現代の日本人の心底を蔽い尽くしていると見てよいであろう。この二十年弱のあいだに、日本人の脳死・臓器移植をめぐる思念は、大きく変化してしまったのである。このことは、わたしが、この文章で指摘した日本古来の伝統的死生観が過去の遺物として顧みられなくなり、わたしが説くような考え方が、例外的なものとなってしまったことを意味する。わたしは、いま、「例外者」として、日本社会の前に立っている。日本社会を日本語を母語として日本的に思惟する人々の共同体ととらえるならば、わたしは「共同体」の面前に例外的な「個」として佇立しているといってもよいであろう。

脳死・臓器移植の問題に関して、共同体は、それはもはや結論が出てしまった問題、終わってしまった問題なのだという姿勢をとっている。それに対してわたしという「個」は、いやまだ議論の余地を残した問題である、と主張する。共同体は、民主的な相貌を帯びるとき、けっして個に対して抑圧的な構えを見せない。民主的な共同体は、個に対してつねに温和な様相を示し続ける。だが、このことは、共同体と個とのあいだに終始調和的な関係が成り立っていることを意味しているわけではない。民主的な共同体は、多数派の意思を尊重するという名目のもとに、少数派の立場を軽視しがちである。もとより、軽視は無視と同義ではないけれども、多数決原理が他のいかなる原理にも増して優先される民主主義のもとでは、少数者の意思が共同体に反映される可能性は僅少でしかないといえよう。この僅少さは、少数派に属する個の孤立感をおのずから深めてゆく。そこに、共同体と個の対立という問題、いいかえれば、多数派が構築する共同体が、抑圧的な姿勢を制御しつつも、少数派に属する個に心理的な負荷を与えるという問題が生起する。脳死・臓器移植をめぐって少数派の孤立した個として自己が在ることを意識するわたしには、この問題を回避することができない。まして、そうした少数派に属する個としてのわたしが、鬱という少数派の病を抱えこんでいる点をも顧慮するならば、共同体と個との関係について、その在るべき態様を探ることは、鬱を生きることをめぐって思索をめぐらすことを主題とする本書にとって、重大な課題となる。次章では、この課題に迫ってみたい。

第三章　共同体と個

1

二〇一一年三月一一日、午後二時四六分。わたしは筑波大学の自分の研究室で、缶コーヒーを飲みながら、山﨑健司氏の『大伴家持の歌群と編纂』（塙書房、二〇一〇年）を読んでいた。萬葉集の末四巻、いわゆる「家持歌日誌」の配列情況を精緻に分析することによって、歌日誌の編纂意図を炙り出そうとするこの優れた研究書にのめりこんでいたわたしは、一時的に現実への関心を欠落させており、つぎの瞬間何が起こるか、あるいは起こりうるかを、まったく何も予測していなかった。ある事情があって読破することをあえて避けていた山﨑書に立ち向かおうという意欲が湧いたこと自体が僥倖であり、わたしはその僥倖を噛み締めながら、ひたぶるに読書に打ちこんでいた。良書はそれを読む者を極度に緊張させる。多少なりともその緊張感を和らげるべく、缶コーヒーを手に取り口に運んだ瞬間だった。突然研究室を激しい揺れが襲った。研究室は、人文社会学系棟という築三十五年の老朽化したビルの最上階、八階にある。地表が震度4程度の揺れでも、研究室は暴風のなかを流される小舟のような状態になる。揺れが始まった時点では「ああまたか」と感じた程度で、さして恐怖をもたなかったように思う。ところが、十秒あまりがすぎたころ、わたしはその揺れが尋常ではないことに気づいた。研究室に置いた十個あまりの本棚から、つぎつぎと本が落下し始め、なかには宙を飛ぶ本すら現われた。机はガタガタという音を立てて激しく前後左右に揺れ、机上のコンピュータが床上に落下した。身体をゆさぶられたわたしは、缶コーヒーを山崎書の真上にひっくりかえし、「ああ大切な本が汚れる」と思いながら、ただ茫然としていた。飛び交う本、揺れ動く書棚、倒壊するロッカー。室内はさながら地獄絵のようだった。激震は約三分にもわたって続き、ようやく治まったころ、廊下から全館アナウンスの声が響いた。「火災が発生しました。火災が発生しました。避難してください。避難してください」。この声を聞いて正気に返り、周囲を見回してみると、室内全体が七十センチほどの高さの本の山に埋もれ、ほとんど身動きもできない有様だった。しかし、火災が発生したと告げられた以上は是が非でも逃げなければならなかった。室外で履いている革靴は本の山に埋もれてどこにも見あたらない。わたしは、スリッパを履いたまま本の山の上を這うようにして歩き、やっとの思いで戸口に近づいた。

ところが、戸口の前にも本が堆く重なってドアが開かない。おそらくは、それを火事場の馬鹿力というのであろう、わたしは本の山を掻き分けて、わずか三十秒ほどのあいだに、自分ひとりが通れるだけの幅のドアの隙間を作った。慌てふためいて廊下に出た。廊下には天井のアスベストが落下したのだろうか、濛々と煙が立っていた。三十メートルほどの距離を前のめりに走って非常階段に辿り着き、そこを猛然と駆け降りた。二階まで降り、学系棟と中央図書館とのあいだにある広場に出た。広場にはすでに大勢の男女が避難していた。人々の群れに混じってようやく一息つき、頭上を見上げると、学系棟屋上の避雷針がグラグラと揺れていた。余震だった。「キャー」という悲鳴が上がった。恐怖に駆られた女性たちの叫び声だった。「火災が発生しました」というアナウンスはどうやら誤報だったようだ。悲鳴を耳にして恐怖感を再燃させながらも、わたしは重大なことに気づいた。自分が哲学・思想専攻の専攻長であり、学系棟の八階全体を管理する立場にあったことに。わたしには、その日八階にいたすべての院生と教員、事務補佐員、事務員たちを率先して安全な場所に誘導・避難させるべき義務があったのだ。わたしは、知った顔を求めて周囲を見回した。しかし、近くに知人の顔は見えなかった。「えらいことになった」と思った。もう一度八階に戻らなければならない。そう判断して身体を動かそうとしたが、全身が強ばって動かない。そうこうするうちに、支援室（事務室）長と学系棟全体の管理者である人文社会科学研究科長とが姿を現わし、学系棟への立ち入りを禁じ、茫然と佇んでいるわたしたちに図書館前の広場から駐車場への避難を命じた。その際、わたしは支援室長とは別の事務員が、

「この広場の下は空洞になっていて、危険です」と叫ぶのを聞いた。突然胸の奥にやり場のない怒りが湧いた。大学院に在籍した七年間、この大学に勤務して以来十二年間、都合十九年のあいだに図書館前の広場の下が空洞になっているということは一度も聞いたことがなかった。誰しもが、大災害の折にはこの広場に避難すれば安全だと考えたはずだ。そういえば、大学当局は、各専攻長に対して災害時の対応について、まったく何の指示も出していない。そのことに思い至ったとき、わたしは、心の奥底から突き上げるような憤りを覚えたのだった。この大学は生死をともにする共同体の体をなしていない。わたしはそう判断した。その刹那、わたしは、専攻長としての責務を放棄して、ただちに自動車で帰宅することに決めていた。

帰宅してみると、家のなかは、研究室ほどではなかったが、惨憺たる有様だった。キッチンの食器棚からは多くのガラス食器が落下して、床上で粉々に壊れていた。冷蔵庫は五十センチほど手前に移動し、ピアノもわずかながら動いていた。金魚を入れた水槽は、モーターが破損して異様な唸り声を上げていた。二階に上がってみると、書斎の本棚のなかの数本が倒壊して、部屋中に本が散らばっていた。寝室に置かれた仏壇からは仏像や仏具が飛び出し、畳のうえは灰だらけになっていた。水道は断水し、電気もガスも点かない。ことばでは容易に言い表わせないほどの惨状だった。帰宅の途次に聞いたカーラジオによれば、岩手県沖、宮城県沖、福島県沖を震源とするマグニチュード9クラスの地震が起こり、引き続いて、東北から茨城の沿岸に十メートル以上の高さの津波が押し寄せ、沿岸部は甚大な被害を受けた模様であるという。震度7（茨城南部は震度6）。東北から北関東は想像を絶する震災に見舞われたのだ。わたしは、自宅が倒壊せずに残っていただけでも幸運だと感じずにはおれなかった。自宅を片付けるには、あまりにも物が散乱しすぎていてどうにもならない。ともかくも、水と食料を確保しなければならない。取り乱して泣き騒ぐ愛犬にも餌をやらなければならない。そう思ったわたしは、愛犬を連れて、近隣のコンビニに向かった。いつもなら空間の目立つコンビニの駐車場は、そのとき、立錐の余地もないほどに満杯だった。嫌な予感がした。コンビニは無事に営業していた。しかし、予感通り、店には人が溢れ、レジに向かって長蛇の列ができていた。折悪しく、その日の朝の飛行機で妻と下の娘はインドに旅立っており、上の娘は東京にいた。わたしは、大地震の直後に、生活するために必要な物資を確保することができなかった。焦った。何でもいい、とにかく食料品と飲み物を手にいれなければ。そういう思いでわたしはコンビニのなかに入った。そして愕然とした。店の棚という棚はすべてガラガラの空白になっていたのだ。いつもなら売れ残っている弁当はもとより、ペットボトルの飲み物も、缶詰も酒肴も、口に入る物は完全に姿を消していた。トイレットペーパーや女性の生理用品すらなくなっていた。つと、レジに並ぶ人々の籠に目を遣ると、そこには商品が山積みになっていた。せめて一品なりとも分けてもらいたい。わたしは切実にそう思った。だが、人々は、我先に商品を買いあさり、他人のことなどまったく眼中にない様子だった。

わたしは諦めざるをえなかった。断水も停電もそう長くは続くまい。そう思って自分を慰めながら、虚しく自宅に引き上げた。ところが、断水はその後三日間にわたって続き、電気が復旧したのも二日後のことだった。旅立つ前に妻は冷蔵庫をほとんど空にしていった。缶詰もない。食べるとすればわずかに残されたドッグフード以外にはない。だが、ドッグフードは愛犬のものだ。まさかわたしが食べるわけにはゆかない。床上に置かれたワインのビンもほとんどが倒れ、割れて、赤い液体を垂れ流していた。飲むものもない。絶望感に打ち拉がれながら、つと冷蔵庫の横手に目を遣ると、八分目ほど中身が入った日本酒の一升ビンが、定位置から一メートルほど移動してはいたものの、ほとんど無傷で立っていた。しめた、と思った。日本酒は米からできた酒だ。これを飲めば水分もある程度の栄養分も補給することができる。わたしは、ひとまず安堵して、割れたガラス食器が散乱するキッチンの掃除にかかった。キッチンとリビングの掃除を終えたのち、わたしはひとり黙々と日本酒の酒杯を傾けた。東京に出かけた上の娘は、電車が不通になって当分帰れないという。だとすれば、この八合の酒で数日を食いつなぎ、飲みつがなければならない。そう考えながら酒杯に口をつけていたとき、またしても不意に憤りを覚えた。コンビニで山のように商品を買いあさっていた人々は、他人のことをまったく配慮しなかったのか、彼らは自分さえよければそれでよいと思ったのか、と。「共同体」ということばが脳裏をかすめた。わたしは、日ごろ、自分が日本人の共同体に守られながら生きていると、漠然とではあるが感じていた。ところが、大震災という危急の事態に直面し、食べ物も飲み物もないという情況に陥ったとき、共同体はわたしを守るどころか、むしろ徹底的に疎外した。この事実はいったい何を意味するのか。そのことを考え始めたとき、わたしは唐突に気づいた。この国の都市部にはすでに共同体などというものは存在していないということに。互いが互いを支え合うシステム。それを共同体と呼ぶとすれば、自身とその家族の安寧が保たれれば他人はどうなってもよいと思う人々の集合体は、共同体の名に価しない。かつての日本には、農村部を中心に「結い」や「寄り合い」などの制度によって支えられた共同体が厳然と存在していた。そこでは、もし大震災などの危機が訪れれば、人々は互いの生存を保つために相互に協力し合い支え合ったはずである。二〇一一年三月一一日の大震災に際しての人々のエゴイスティックな行動は、そうした共同体がすでに完全に瓦解してしまっている事実を、わたしの眼前に突きつけた。

しかし、わたしがその瓦解を体験した共同体とは地域共同体であって、学校共同体ではない。勤務先の大学は、緊急時への対応を怠ることによって、生命を支え合う共同体としての実質を部分的に欠落させているように見えた。だが、それでもなお、教員、事務員、院生、学生等々が互いの安否を確かめ合い統一された組織としての結びつきを保っていることは、大震災後から数日を経たのちに明確になった。多くの教員や事務員、そして院生や学生たちが、自発的に協力関係を確認し合いながら、研究室や事務室、院生室、図書館などの復旧作業にあたったのである。わたしが専攻長として勤務する哲学・思想専攻では、若手の教員たちや、事務補佐員たちが、一つ一つの研究室を見て回り、丁寧にコンピュータの電源などを抜き取りながら、電気の復旧に備えた。地震の際にスプリンクラーが誤作動したために水浸しとなった研究室の床を、彼らは雑巾で拭いた。院生たちは、事務室の倒壊した書類棚や机、椅子などを、もとの姿に復するために懸命に働いた。いずれも、余震が打ち続くなかでのことである。みずからの身の危険をも顧みず、一途に復旧作業に従事する彼らの姿は、学校共同体がいまだ完全には崩壊していないこと、否、むしろそれが確実に生き残っていることを如実に示していた。大震災後一週間ほどを経て、大津波に襲われた東北沿岸部の小学校や中学校、高校では、児童、生徒たちが互いに声をかけ合って高台へと避難したことがあきらかになった。なかには一命を賭して子どもたちを助けた教師もいたという。都市部の地域共同体は、たしかに崩壊した姿を露呈した。しかし、すくなくとも学校共同体は生きていた。そうであるかぎり、共同体とは何か、そしてそれは今後どのような展望のもとに構築され続けるべきかといった問題や、あるいは共同体と個との関係をいかにとらえるべきかといった問題は、けっして時代遅れの陳腐な問題とはなっていないように思われる。本章では、こうした観点に立って、主として学校共同体を考察の対象としながら、それと個（個人）とが現にどのような関係にあるのか、またその関係は今後どのような形で再構築されてゆくべきなのか、という問題についてわたしなりに考えるところを述べてみたい。

2

「共同体と個」。それは、一見言い古され論じ尽くされた、いまさらながらのテーマであるように見える。共同体が、ゲゼルシャフトとゲマインシャフトという形で、社会学的に区分けして考えられるようになって以来、欧米では社会と個人の関係をどうとらえるかという視点から、このテーマをめぐって詳細な議論が続けられてきた。欧米の近代思想の影響下に多年にわたって思想研究を行ってきたわが国の知識人たちのあいだでも、このテーマは重要な意義を担っていたのではないかと推察される。ところが、奇妙なことに、つねに欧米の近代思想に追随し続けてきたはずのわが国の知識人たちのあいだでは、このテーマは、実は正面から深刻に問われたことがほとんどない。したがって、それは、わが国では、けっして古びてはいないといえよう。否、こと日本の近代に関するかぎり、それは、むしろかなり新しいテーマであるといっても過言ではない。日本の近代の起点をどこに見いだすべきかは判断の困難な問題である。通常は明治維新を機として近代が始まったと規定される。維新後にわが国の諸制度やそれを支える思想的基盤がいちじるしく近代化されたことは厳然たる事実であり、その意味で近代が維新をもって始まるという認識は、ことの本質から大きくずれるものではない。しかし、すでに幕末の段階で欧米の近代科学が、部分的にではあれ、武士階層や上層農民層に受け容れられていたこと、あるいは明治維新の際に勃発した内戦（戊辰戦争）が欧米から輸入された武器で戦われたことなどを勘案するならば、日本の近代の始まりの時点は、維新を十数年ほど遡ったころ、すなわちペリー来航のころに求められてもよいのではないかと思われる。近代が始まって以来、わが国では近代的個の意識が次第に確立されてゆき、東京や大阪などの都市部への人口の集中が起こる明治の中期以降になると、地域的な村落共同体から離脱して孤立した個として在らざるをえなくなった人々が、自己自身の個的な存在意義を真摯に問い始めた。夏目漱石や森鷗外の一連の小説は、そうした近代的個の在りようをめぐる知識人の苦悩を表出するものにほかならなかった。ところが、近代的個への問いは個の内面へと収斂し、他者の集合体としての共同体との関わりのなかで主題化されることはほとんどなかったといっても過言ではない。個の存在意義についての問いが、共同体との絡みのなかで問われるようになったのは、近代が始まってからおよそ八十年後のことであった。共同体と個。管見ではその問題を最初に問うたのは、一九三四年から一九三五年にかけて『哲学研究』に発表された、田辺元の論文「社会存在の論理」である。したがって、共同体と個の問題をめぐって思いをめぐらす本章においては、田辺哲学、ことに中期のそれがどのような思索を展開するものであったのかが問われなければならない。

田辺元については、わたしには複雑な思いがある。田辺元を「田辺」と呼び捨てにしてもよいのかという思いである。わたしの大学院時代の最初の指導教授は大島康正先生だった。大島先生は、田辺元の比較的晩年の高弟で、田辺に対する尊敬の念には並々ならぬものがあった。みずからの師のそのまた師を呼び捨てにすることが許されるのかどうか、わたしは判断に苦しむ。大島先生の田辺への敬慕の思いの深さを、先生亡き（一九八九年逝去）いまになってしみじみと振返ると、田辺に対しては「田辺」とではなく「田辺先生」と記すのが妥当のように思われる。しかし、田辺哲学は、学統上の孫弟子によって私物化されるべきものではない。西田哲学に比べてその研究者・理解者ははるかに少ないものの、田辺哲学はいまなお万人に知られるべき普遍的な哲学であるとわたしは判断する。その普遍的哲学の主体は、歴史的人物として客観化されるべきであり、わたしはやはり歴史的人物としての彼にふさわしい呼称「田辺」「田辺元」を用いるべきであろう。以下に述べることは、いわずもがなのことなのかもしれない。鬱病者の立場から独自の哲学を展開しようという本書の目的からはいささかずれていることも承知している。しかし、この際、田辺哲学との関連を意識しつつ、恩師大島康正先生の人となりとその哲学について、若干の思い出を記しておきたい。

大島康正。日本の哲学を学ぶ者にとって閑却することを許されない名前である。『時代区分の成立根拠』『実存倫理の歴史的境位―神人と人神―』の著者として。前者は、時代区分が歴史家たちによって歴史内在的に行われるという通説を覆し、それが時代をとらえる実存的視点から歴史家ならざる知の巨人たちによって歴史外在的に遂行されるものであることを強調した画期的論著である。後者は、それまで「いま」(現在)の視点からのみとらえられていた「実存」を歴史の流れのなかで逆照射しようと試みた意欲的な大著である。この二つの論著によって、大島先生は、日本哲学史上に前人未到の足跡を残した。田辺元も、後者の末尾については批判的見解をもらしているけれども(野上弥生子宛て書簡)、前者および後者の前半部をきわめて高く評価している(『哲学入門』など)。わたしは、その両著を読み、感動を深め、大学院では先生のもとで学ぼうと決意した。念願が叶って、筑波大学の大学院に入学し、当時哲学・思想研究科(現哲学・思想専攻)長だった大島先生肝煎りの新入生歓迎会に出席した折のことだった。先生が研究科長としてどのような話をなさるのか、わたしは大きな期待を懐いて宴席に臨んだ。宴が始まる直前、先生が会場に入ってこられた。正直にいって愕然とした。先生はへべれけに近い状態だったのだ。会場に来られる前に研究室でかなり呑んでおられたとしか考えられない。挨拶どころではなかった。先生はそのまま自分の席に倒れこみ、大きな寝息を立てて休んでしまわれた。驚きかつあきれているわたしにむかってある上級生がいった。「なあに、いつものことだよ」と。しばらくして先生は、二人の上級生に両脇を支えられながら、宴席をあとにされた。それが、先生とわたしとの最初の出会いであった。その後、わたしは先生のヘーゲル『精神現象学』の演習に毎回欠かさず出席した。朝の十時から始まる演習である。ところが、先生は、いつも酔っ払っておられた。必ず、二人の上級生に両脇を抱えられながら教室に現われ、演習が始まると高鼾で眠ってしまわれる。一通り院生の発表が終わり、討論が一段落ついたころ先生はおもむろに眼を覚まされて「ああ終わったか」といって研究室に戻ってゆかれる。毎回がその繰り返しで、停年退官されるまでの一年間、わたしはついに先生からヘーゲルの「へ」の字も聞いたことがなかった。それにもかかわらず、わたしの先生に対する尊敬の念は変わらなかった。一つには、学群（学部）での先生の講義が、どれほどに酔っておられようともきわめて流暢なものだったからだ。先生は、左手にチョークをもってそれを前後にゆらしながら西洋の近代倫理学を滔々と論じられた。その一点の曇りもない明晰さは、単なる酔っ払いのものではありえなかった。また、先生は弟子に対する愛情の深い方だったからだ。停年退官までのわずか一年の間講筵に列したにすぎないわたしのごとき者にも、先生は深い愛情を注いでくださった。日本倫理学会でわたしが研究発表をするときには、いつもきまって最前列に座り、意地の悪い質問者を睨み付けてくださったことをいまでも昨日のことのように思い出す。

わたしよりも十年ないしは二十年ほど先輩たちの大島先生に対する評判は、総じて良好ではない。先輩方は、先生はどうしようもない酔いどれだった、という。だが、わたしはそうは思わない。たしかにアルコール中毒という呼称がふさわしいほど先生は酒を愛された。その愛され方は、惑溺というに等しかったかもしれない。また、先生は、一九五六年に『実存倫理の歴史的境位―神人と人神―』を上梓されて以後、教科書等の編著を除いては目立った業績を残されなかった。先輩方は、そのことを指して、酒が先生をダメにしたという。過度の飲酒が先生の哲学的・倫理学的思索の進展を阻んだ可能性をわたしもまた否定することはできない。しかし、わたしは、先生の飲酒への惑溺を責めるよりも、むしろなぜ先生が酒浸りになってしまわれたのか、その理由を推測したい。思うに、先生は何かを酔眼の彼方に打ち払おうとなさったのだ。その何かとは、一九六二年の田辺元の死（享年七十七）ではなかったか。『実存倫理の歴史的境位―神人と人神―』の後半部で大島先生は、田辺の一連の種の論理論文や『懺悔道としての哲学』などを頻々と引用しておられる。先生の思索の拠り所は、おそらく、いつもすでに田辺元だったのであり、先生の論著は田辺を「たったひとりの読者」として書かれたものだったのではないか。『時代区分の成立根拠』は短いながらも強靭な思索に貫かれた論著である。大著『実存倫理の歴史的境位―神人と人神―』も、田辺に依拠する部分が目立つとはいえ、やはり深くかつ鍛えぬかれた独自の思念を表出する。このA5判八百ページを超える論著を物されたとき、先生はおそらく精も根も尽き果てた状態に置かれていたはずである。これだけの緊張感に溢れた大著を執筆されたのちは、いかに先生の思索が常人の域を超えているとはいえ、しばらくは次著を準備するだけの気力が湧いてこなかったものと思われる。田辺が脳軟化症に倒れたのは一九六一年一月のこと。大島先生は、その後一年四ヵ月に及ぶ田辺の闘病生活を見てこられた。それは、先生にとって、このうえもない悲しみではなかったか。やがて先生は、田辺の死とともに「たったひとりの読者」を失ってしまった。それは、彼の闘病生活を見守っておられたときよりもはるかに大きな苦渋を、先生の胸にもたらしたはずである。最愛の師を亡くされた先生は、その悲しみを打ち払うために、酒に奔ってゆかれたのではないか、とわたしは推測する。「たったひとりの読者」を失った先生にとっては、もはや何を思索しようとも、何を書こうとも、そうした行為そのものが意味をなさなかったのだろう。大著を物してのちのいい知れぬ寂寞感に師を失った悲しみが重なり、それが先生から思索し書くことへの意欲を奪ってしまった。先生はもはや酒を飲むこと以外になすべきことを見いだせなかった。そのように推測するとき、わたしは思う。それほどまでに大島先生を魅了した田辺元とは、おそらく、尋常ならざる思索者だったに違いない、と。その田辺が「社会存在の論理」を嚆矢とする一連の種の論理論文において何を語ったのか、それをあきらかにすることが本章の課題の一つとなる。その前に、まず、田辺とその師西田幾多郎との関係がどのようなものであったのかということ、いいかえれば、田辺哲学と西田哲学との間の緊張関係を明確にしておかなければならない。

3

一八八五年東京に生まれた田辺元は、第一高等学校理科を経て東京帝国大学数学科に進学した。ところが、数学の公理や定理を憶えることは得意であっても練習問題を解くことが苦手であることに気づいた田辺は、そのまま数学科にとどまり数学者への道を歩むことに限界を感じた。彼は懊悩の末に、入学の翌年哲学科に転科する。当時の東京帝国大学哲学科は、ケーベルや井上哲次郎らが中枢に座っており、教養主義的な気風に溢れていたけれども、学生たちが独自に思索を展開するような雰囲気ではなかったらしい。田辺がどこまで哲学科の教育に満足できたかは疑問である。もっとも田辺は晩年に至るまで当時の哲学科に対する不満や疑念を一切漏らしてはいない。彼は、哲学の道を志しながらも、数学への未練を捨て切れなかったらしい。人間的生の根本問題を解きあかすことよりも、むしろ数理の意味を問うことの方が、学生時代の田辺の主な関心事であった。卒業後田辺はしばしのあいだ中学校の英語教師の職に就いたのち、二十八歳のとき、東北帝国大学に「科学概論」を担当する専任講師として赴任する。そのころの彼の関心のほとんどすべては、科学哲学に注がれていたといっても過言ではない。田辺は、『哲学雑誌』を主たる投稿先として、科学哲学の論文を矢継ぎ早に公表する。それが、当時京都帝国大学哲学科の主任教授であった西田幾多郎の眼に留まる。西田もまた高校時代、哲学を学ぶべきか数学にすべきか悩んだほどの数学好きだった。彼は田辺を高く評価し、京都帝国大学哲学科に助教授として招聘する。田辺三十四歳のときのことであった。その後、田辺はカントやヘーゲルへの関心を強く示しながらも、西田幾多郎の忠実な弟子として数理哲学の論著を書き続ける。初期田辺哲学は、西田哲学の導きのもとに成った哲学であったといえよう。二つの哲学は、けっして対立することなく、互いの不足部分を補い合いながら、それぞれ独自のものとしてどこまでも並立していくように見えた。ところが、西田が京都帝国大学を停年退官してからほどなくのこと、一九三〇年、田辺は京都帝国大学哲学会の機関誌『哲学研究』に「西田先生の教を仰ぐ」という論文を掲載する。これは、西田と田辺を共通の師とする弟子たち、たとえば、高山岩男、高坂正顕、西谷啓治、下村寅太郎たちにとって、衝撃的な事件であった。田辺はこの論文で、『一般者の自覚的体系』という中期西田哲学確立期の論著を、前著『働くものから見るものへ』をも視野に入れながら、全面的に批判したのだった。

西田哲学の核心をなすものをいまかりに一つだけ取り上げるとすれば、それは「純粋経験」という概念ということになるであろう。西田自身は、処女作『善の研究』において呈示されたこの概念が中期以降の彼の哲学にも色濃い影を宿しているという見方を肯んじないかもしれない。しかし、純粋経験が西田に「物我相忘るる」境地を求めさせ、それがやがて「絶対無」や絶対無の

「場所」の論理にまで発展していったことは否定できない事実ではないかと思われる。西田の純粋経験については、本書第一章において詳述した。いま、煩を厭わず再度それを説明するとすれば、つぎのように語ることができるであろう。すなわち、わたしが窓外に眼を遣る。するとそこには一本の棒状の物体が屹立している。その棒状の物体を見た刹那、わたしはまだそれが何であるかを判断していない。その一瞬、わたしにはまだ「わたし」というものが在って、それが棒状の物体という対象をとらえているという意識がない。この無意識状態、いいかえればいまだ主観も客観もない状態を、西田は直接経験と名指し、それは純粋経験といいかえることができる、と主張する。そうした直接経験＝純粋経験を経た直後、わたしは窓外に聳え立つ棒状の物体が「娑羅の木」であると判断する。このとき、わたしは、「わたし」という主観が娑羅の木という客観をとらえているという認識をもつに至る。となれば、純粋経験とは、「主観―客観」構造が成り立つ以前の主客未分化の状態を指すことになる。しかし、西田のいう純粋経験とは、こうした、幼児の外界把握に見られるような素朴な知の在りようにとどまるものではなかった。西田は、さらにより高次の純粋経験を想定する。たとえば、すぐれた音楽家が手慣れた曲を奏する場合である。その場合、音楽家は、自分がいまこの音符を弾いていてつぎにあの音符を弾くというような判断を行っていない。音楽家の意識は、流れるような曲のうねりのなかに埋没し、その身体は自然の動きに委ねられている。このような、訓練に訓練を重ねたうえで得られる、いわば熟練の極致をも西田は純粋経験と呼ぶ。もし「主観―客観」構造になじんでしまったとすれば、わたしたちには主客未分な直接経験としての純粋経験を思い起こすことは至難であろう。しかし、わたしのような凡庸な人間にも西田のいう高次の純粋経験は十分に理解することができる。たとえば、わたしは大学の入学試験を受けたことがある。その際、ただ合格したい一心だったわたしは、いま「わたし」（主観）が問題用紙と解答用紙という対象（客観）に向き合い、あれこれと思案をめぐらしているという判断をもってはいなかった。無我夢中でひたぶるに鉛筆を動かしていただけである。この種の体験は、わたしたちの共通体験であり、けっして理解の枠外にあるものではなかろう。田辺もまた例外ではなかったはずである。「西田先生の教を仰ぐ」において、田辺は西田哲学の宗教的な面での奥深さに対して敬仰の念を示しており、その際彼が「宗教」性という表現によって意識化していたものは、西田の純粋経験にほかならなかったと考えられる。

田辺は、「主観―客観」構造を超え出た次元に主もなく客もないという精神の到達点を見いだそうという思考を西田哲学の欠陥として批判したのではなかった。田辺は、西田哲学の根幹をなすそうした思考様式を肯定すらしている。彼が西田哲学に接することによって、そこに認めた欠陥とは、「主観―客観」構造を乗り超えゆく西田の主観が、「普遍」とのみ対峙しているという態様だった。岩波書店版の西田幾多郎全集を通読すればたちどころにあきらかになるように、西田は、つねに「個」と「普遍」の関係をめぐって思索し続けている。個と普遍とが絶対無のなかに、いわば吸引されるがごとくに消去される境位。それこそが西田哲学が最終的に求めたものであったといってもよいであろう。西田哲学においては、個が普遍を、あるいは逆に普遍が個を照射しつつ、やがてもろともに絶対無のなかに吸収される。このこと自体は、宗教性の深みを示すものとして田辺が高く評価する点であった。しかし、田辺は、「媒介」という概念が西田哲学には欠落していると見た。個と普遍とが無媒介に絶対無のうちに収斂されるというのが西田哲学の根幹をなす思考様式であり、そのような思考様式は一種の神秘主義を表明するというのが田辺の西田批判の要点であった。田辺によれば、神秘主義は、それが宗教性の深みにとどくものであるかぎり、一概に批判すべきものではなかった。しかし、もしそれが推論の形式としての論理を無みするものであるとすれば、哲学からの逸脱として徹底的に排拒されなければならない。田辺はそのように考えていた。しかも、田辺の見るところでは、神秘主義は人間の日常的な実践性から乖離した観想の立場へとつながりかねない。彼は、『働くものから見るものへ』を経て『一般者の自覚的体系』へと至る西田哲学が、観想を旨とする神秘主義を露呈するものととらえ、これを峻烈に批判したのであった。「西田先生の教を仰ぐ」において、批判の矛先は、西田哲学の実践性の欠如に向けられている。形而上学への熾烈なまでの熱意を示した西田が、具体的生活者としての次元で思索することをあえて意図しなかったことは、おそらく、何びとも否定できない事実であろう。それゆえ、西田哲学に具体的な実践性を求めることは、無い物ねだりにも等しい。

「西田先生の教を仰ぐ」は、そうした無い物ねだりの批判にとどまっているといっても誤りではないであろう。そのことを自覚したのか、田辺はいったんは批判の矛をおさめ、自説が誤解の域を超え出ていないことを率直に告白する。ところが、「西田先生の教を仰ぐ」を公表してから四年後、一九三四年に発表された「社会存在の論理」を嚆矢とする一連の「種の論理論文」のなかで、田辺は西田批判のための決定的な武器を手に入れることになる。すなわち、彼は、西田哲学が個と普遍を媒介するものとしての「種」についての認識を欠落させていることに気づいたのだった。田辺において種とは、個の集合体としての、社会性を濃厚に帯びた共同体を意味する。彼は、「社会存在の論理」を書き進める時点で、そうした共同体、いいかえれば「種的共同体」への眼差しの欠如に西田哲学の看過しえない欠陥が存するという認識に立ったのだった。

田辺のこうした認識は、おそらく西田哲学の信奉者たちにとって、容易に首肯しうるところとはなりえないであろう。晩年の西田は『日本文化の問題』等をとおして時局をめぐる積極的な発言を行っているし、また「社会」という概念も西田がその論著の随所で論究するところとなっているからである。しかし、つねに形而上学的に観念化されてゆく西田の思索においては、社会ないしは種的共同体が具体的にとらえられることはついになかったといっても過言ではない。西田を尊崇するあまり、彼が社会の問題をも終始具体的に考え抜いていたと主張することは、ひいきの引き倒しにも似た愚行というべきではないか。たしかに西田は、日常の事・物を哲学的に抽象化しつつ深遠な思索を展開する点で、日本哲学を主導したすぐれた哲学者であった。田辺もこのことを否定しているわけではない。西田哲学の思弁的な鋭さに匹敵するものが日本思想史上にあるとしても、それは道元の『正法眼蔵』と親鸞の『教行信証』くらいのものであろう。西洋哲学を受容しつつ独自に思索することが哲学者の基礎条件であるとすれば、西田は日本最初の哲学者であったといえよう。だが、この最初の哲学者には、個と普遍の媒介者、すなわち共同体への視座が欠落していた。個と普遍とを直接につなげてしまう思索は、現実の事態や物への透徹した眼差しを欠いてしまう。田辺は、種という概念を独自のものとして呈示することによって、西田哲学の不足面を剔抉しつつ、自己自身の固有な哲学を樹立したのであった。それは中期田辺哲学の根幹をなすものと見なされ、一般に「種の論理」と呼ばれる。では、種の論理とはどのようなものなのか。以下、田辺の晦渋な論理をなぞることによってではなく、わたしたちの現実に引き寄せながら、その具体相を鮮明にしてみたい。

4

「種」という語に接するとき、西洋の哲学史になじんだ人々は、ともすればアリストテレスの「類・種・個」という概念や、ダーウィンの「種の起源」などを思い浮かべてしまう。それらは動物種としての種であり、動物の分類の一項をなすにすぎない。田辺が「種」という概念を以て呈示するものは、そのような分類の項目ではない。彼は、それを共同体の意味で用いている。田辺は「社会存在の論理」以降『種の論理の弁証法』に至るまでの一連の種の論理論文のなかで、種と個と類の関係を一貫して弁証法的関係としてとらえてゆく。その際、まず問題になるのは、種と個の関係である。わたしたちは、通常、個が集団や世界に先立って存在し、その個が他の個たちとのあいだに関係を結ぶことによって集団や世界が成り立つと考えている。自我を起点に置いたこのような考え方は、わたしたちにとって常識ですらあり、そこには何ら疑念をさしはさむ余地はないように見える。しかし、よくよく考えてみると、わたしたちが孤立した個として存在するためには、まずわたしたちがこの世界のなかに、ひいては個と個が緊密に結び合う共同体のなかに生まれ出《い》でなければならない。現代を生きるわたしたちは、ほぼ例外なしに産院で生まれたであろう。産院とは、当然のことながら、個的な存在ではない。それは、医師と看護師、栄養士、事務員、守衛などが緊密な関係を織り成す共同体にほかならない。わたしたちは、そうした緊密な関係性のただなかに、共同体の一員として生を享けたのである。このことに留意するならば、種と個のいずれが先立つかは明白である。個がまず先に在って、それが他の個とのあいだに関係を築くことによって種が成立するのではない。先在するものはつねに種である。個は種のなかに、それを織り成す一つの要素として現われる。田辺は、種を「種的基体」と呼ぶことによって、種の個に対する先在性を際立たせる。ただし、すべての事物が無媒介に存在することを否定する田辺哲学は、種の存在を無媒介な直接態として立てるわけではない。田辺においては、種の背後にすでに類が前提とされていると見るべきであろう。すなわち、田辺は「種・個・類」が無限の循環を描くと考えている。だが、人間の思索は、それが無限の弁証法的過程を示すとしても、その出発点において何ものかを直接態として措定せざるをえない。田辺がそうした直接態としてとらえたのは、個ではなく種であった。

田辺によれば、個は種のただなかに生起し、さしあたって両者は睦み合う関係にある。たとえば家族という種とその構成員としての子どもを考えてみよう。種としての家族は、親によって代表される。親と子どもとの関係は、その初期の段階においては、子どもが親のいいつけ（躾）に全面的に従うという形で、何の違和感もない相睦む様態を示している。子どもは親を絶対化し、親の言動を模倣しつつみずからの言動を築いてゆく。ところが、子どもは、幼稚園、小学校、中学校と、段階的に家庭とは異質な共同体になじんでゆくことをとおして、親の言動を客観視するようになる。自身と親とがぴったりとくっついた状態から次第に離脱してゆく、その離脱の過程のなかで、子どもは、自身が親とは異質な存在であることを自覚する。そのとき、子どもは親の言動に疑問を感じ、親から距離を置こうとする。こうして、家庭という種と子どもという個との間に、抜き差しならない軋轢が生じる。軋轢が昂じて敵対関係となれば、家庭という種もその構成員としての個もばらばらに分解し、互いに通じ合うところが皆無となってしまう。それは個が他に対する関係性を欠いて孤立化することを意味する。人間とは和辻哲郎がいうように人と人との間にある「ジンカン」的存在であり、ばらばらに孤立した個はもはや人間とは呼べない。したがって、種との緊張関係（対立関係）に陥った個は、その対立関係を止揚する方途を模索せざるをえなくなる。田辺によれば、種の種性、個の個性を生かしたまま両者を止揚する契機となるものは「類」である。親と子どもの軋轢によって分化してしまった種と個は、たとえば隣近所という類によってその対立を解消される。隣近所の規範が家庭という種を超えた慣習的規則として意識化され、親も子どももともにそれに従うとき、家庭という種とその構成員としての個の緊張関係が解きほぐされる。だが、隣近所という類は、やがて、個々人に対する軛となり、個々人を圧迫することによって規制的な種へと転化する。そして、そこにまたしても種と個の対立・緊張が生じ、それを乗り超え止揚するための類が必要になる。その場合の類とはたとえば村や町、市というものになろう。そうした村や町、市なども個人を厳しく規制することによって個人の反撥を生み、種へと転化する。かくして、「種↓個↓類↓種↓個↓類…」という弁証法的過程が無限に進行することになる。

　以上のように、田辺の種の論理とは、種・個・類の相互媒介的関係がいつ果てるとも知れず展開してゆくという考え方にほかならなかった。それは、わたしたちの現実的態様をあますところなく汲み尽くす論理であり、現世の実在に緊密に対応するものといえよう。こうした無限の弁証法を強調することによって、田辺は単なる観念論ではなく、実在に即応する現実的論理を得たといってもよいであろう。田辺の弁証法は、絶対精神の自己展開の過程を示す発出論的で自閉的なヘーゲルの弁証法を乗り超えるものとして、高く評価することができる。ヘーゲル的弁証法は、田辺において完成された姿を取ったといってもよいように思われる。ところが、田辺の弁証法は、「社会存在の論理」から四年後、一九三九年に公表された論文「国家的存在の論理」において破綻をきたす。すなわち、同論文において田辺は種的共同体と個の緊張関係を媒介的に止揚する綜合体として国家を措定する際に、その国家を「絶対無の基体的現成たる応現的存在」ととらえた。「絶対無」とは田辺が西田から借用した概念であり、その内実を具体化して説明することは至難である。それは、有（存在）に対して相対的な無（非在）ではありえず、むしろ具体的な有と無とをその内部に取りこみつつそれらを動かしてゆく動性であると考えるべきであろう。そうした動性としての「無」に「絶対」という語が冠せられるとき、絶対無は他のすべての存在者を超越した不可侵の絶対性としての意味合いを帯びることになる。田辺は、国家を、そうした絶対無の現実のただなかに現われた超越の貌と解することによって、いわば絶対化してしまった。したがって、種・個・類の三者が互いに媒介的に展開してゆく弁証法的過程は、国家のうちに収束させられることになる。これはあきらかに、現実の弁証法的動性を無限なものととらえていた田辺が犯した矛盾である。ヘーゲル弁証法の発出論的で自閉的な性格を論難し、弁証法的運動に無限の道のりを与えた田辺が、国家が確立される段階でその運動が十全な形をとって終わりを告げるとしてしまったのである。なぜ田辺はこのような事態を招いてしまったのか。緻密な論理を繰り広げ、論理の上での矛盾を他者に対してのみならず、自己に対してもけっして許すことがなかった田辺にしては、異様な振舞いであるといわざるをえない。わたしたちは、田辺が決定的ともいうべき矛盾を犯してしまった原因を一九三九年という時代に求めるべきなのかもしれない。

一九三九年という時代は、ナチスドイツがポーランドに侵攻し、これを看過しえなかった英仏がドイツに宣戦を布告して第二次世界大戦が始まった年である。当時、わが国は中国との戦争のまっただなかにあった。中国の国力を過小評価したため、戦線は膠着し、国内には厭戦的な雰囲気が漂い始めていた。軍部によって主導されていた時の政府は、そうした雰囲気を押し潰し、国民の戦意の高揚を図るために、国家主義的な言説を国内に振り撒こうとしていた。共産党を始めとする左翼勢力は徹底した弾圧を受け、大学においても戦争に対して非協力的な態度をとる教員は辞職を余儀なくされた。この段階で、為政者たちが英米との戦争を決意していた形跡はない。しかし、彼らは電撃戦を遂行するドイツに強い憧憬を懐き、ドイツとの同盟を求めて右顧左眄する醜態をさらしていた。ドイツとの同盟の先には当然ながら英米との戦争が待ち受けているはずであった。にもかかわらず、彼らはこのことを明確に認識せず、同盟に反対する勢力に対して、思想統制的な圧力を加えていた。中国との戦争において打開不可能な窮地に陥るのに反比例するかのように、日本国内の思潮は、日に日に国家主義の度合いを増していった。不幸なことに、西田哲学の共同体や社会への眼差しを欠くがゆえの非実践性を論難する経緯のなかで独創性を高めていった田辺哲学は、共同体や社会に対してみずからが高度の実践性を保有することを強調しなければならなかった。田辺はこのことを自覚するがゆえに、自身が置かれた現実の思潮に棹差そうとした。そこに彼の種の論理が、国家の絶対化へと進む強い要因があった。つまり、強固な実践性を志向するあまり、田辺は、彼を取り巻く現実の思潮を生のままの姿で自己の哲学のなかに取り入れてしまったのだった。しかし、田辺は、自身が展開した種の論理の挫折に無自覚であったわけではない。彼は、「国家的存在の論理」が当時の国家主義的思潮を思想的に下支えするものとなってしまったことを深く自覚していた。その自覚は、種の論理論文の執筆を継続することを断念させた。彼は、その後アジア・太平洋戦争が終結するまでのあいだ種の論理について語る論文を発表しようとはしなかった。そればかりではない。田辺は、一九四一年一〇月、同一二月に『哲学研究』に「実存概念の発展」という論文を掲載してのちは、アジア・太平洋戦争の全期間を通じて、論文の公表を一切差し控えた。田辺の内面には、「国家的存在の論理」において、国家を絶対化してしまったことについての慚愧の念が宿っていたものと推察される。

アジア・太平洋戦争のあいだ、田辺は哲学者としては沈黙を守った。これは、彼が戦争そのものに対して批判的な視点に立っていたことを意味する。ところが、生身の人間田辺元には、この間に一切の発言を避けて、自己内部に逼塞することが許されなかった。田辺は一九四五年三月に停年退官を迎えるまでのあいだは京都帝国大学哲学科の主任教授だった。その職は、彼が公的生活のなかで口を閉ざし続けることを許さなかった。時として、彼は正規の講義以外の場に引き摺り出され、時局に関わる発言を行うことを余儀なくされた。たとえば、一九四三年、彼は京都帝国大学主催の「月曜講義」で、学徒出陣を目前にした学生たちに向かって、「死生」と題する講演を行うことを強いられた。講演「死生」において、田辺は、神と国と人とは一体であり、人の使命は神たる国のために一命を捧げることに在ると語っている。ここでいわれている「国」が戦時日本国家を指すことは自明であり、また「神」が当時現人神と目されていた天皇を指すことも明白である。田辺は、学生たちに天皇と一体である大日本帝国のために生命を投げ出すべきことを説いたのだった。その講演を聞いた多くの学生たちは、太平洋の島々や中国大陸で、あるいは特攻隊員として屍をさらした。要するに、田辺は学生たちに向かって「死ね」と語り、そのことば通りに多くの学生たちが命を落としたのだった。このことを重視するならば、田辺は戦争を煽った罪深き煽動家であったといわざるをえないのかもしれない。事実、いまなお、講演「死生」を問題視するかぎり、田辺の戦争責任を不問に付すことはできないと主張する人は多い。だが、そのように主張する人々に、わたしは尋ねてみたい。「もしあなたが田辺の立場にあったとすれば、あなたには公然と戦争に対する反対意見を述べることができたのだろうか」と。田辺の立場において戦争に反対する言説を漏らし、学生たちに「けっして死ぬな」と語ることは、その言説の主体の死を意味する。もし田辺がそのような言説を語ったならば、当時の政治権力は、けっしてそれを看過しなかったであろう。田辺は獄につながれ、残虐な拷問の果てに死に至らしめられたものと推察される。わたしは現在国立大学の倫理学教授の職にある。もし現代という時代が戦争を讃美し、死地に赴くことを美化する発想が政治の主流を占める時代であり、しかもわたしが田辺と同様に、これから戦地へ赴こうとする学生たちに対して何らかの発言を求められたとすれば、正直にいってわたしには田辺と同様の発言を回避するだけの自信がない。田辺は立場上、やむをえず「死ね」と語った。それは生身の人間としての弱さのあらわれであり、その弱さを責める資格をもつ人間が、この平和な現代にいったい何人いるのか、わたしには疑問である。

田辺は、講演「死生」において戦争を美化し、学生たちを死地に赴かせたことを生涯の恥辱とした。彼は「死生」を語った一年後から早くもそれを懺悔する態度を示している。一九四四年の最終講義「懺悔道」は、「死生」を前提とし、「死生」において自身が示した態度を罪深きものとする思いに根ざしている。その場合の懺悔とは、単にことばのうえのことだけにとどまるものではなかった。田辺は、一九四五年四月、停年退官の直後に京都を去り、北軽井沢の山荘に隠棲している。彼は、以後脳軟化症に倒れて群馬大学附属病院に入院するまでの十六年間、その山荘からほとんど一歩も出ることがなかった。北軽井沢は、夏場は冷涼な避暑地である。ところが、十一月の下旬ころには雪が降り始め、厳冬期には卓上のインクも凍りつくような極寒の地となる。頑健であるどころか、むしろ虚弱ですらあった田辺にとって、その寒さは本来ならば到底堪え忍ぶことができないものであったはずだ。唐木順三や下村寅太郎を始め多くの弟子たちは、田辺の身を案じ、温暖な地への転居を勧めた。だが、田辺は、実際に転居地を特定したうえでなされたこうした弟子たちの勧めを断わり続けた。講演「死生」などをとおして戦争を美化したかつての自己、あるいは官立大学の教授という責任ある立場に在りながら、戦時国家の暴走に歯止めをかけられなかった自己を許されえない人間として深く恥じたからである。田辺は京都帝国大学での最終講義「懺悔道」に肉づけを施し、戦後まもなくそれを『懺悔道としての哲学』と改題して岩波書店から公刊する。その序文には、田辺が戦争責任を痛切に実感していたことがはっきりと記されている。田辺は、「国家的存在の論理」によって挫折した種の論理を、新たな境位ともいうべき「懺悔道」に基づいて、本来の形へと焼き直そうとする。すなわち、「絶対無の基体的現成たる応現的存在」として絶対化された「国家」＝大日本帝国を、単なる種として相対化し、その種と国民＝個との間に生ずる緊張関係を止揚する普遍的な「類」として「菩薩の国」を措定しようと企図した。この企ては、『懺悔道としての哲学』が上梓されてからほどなく、『種の論理の弁証法』として結実することになる。『種の論理の弁証法』を見るかぎり、田辺は、国家主義的言辞を弄した生身の人間としての自己を無のなかに放擲し去り、本来の彼の特長であった、透徹した論理を志向する哲学的魂へと再蘇させたといっても過言ではないように思われる。

5

共同体と個の問題。これは以上に見てきたように、わが国では、田辺哲学において最初に哲学的に主題化された問題である。そこでは、まず第一に個が先在し、その個が他の個たちとの間に関係を取り結ぶことによって共同体や社会、ひいては世界が成立するという自我中心的な世界観が放棄されている。田辺によれば、先立つものは種的共同体であり、わたしたちの個は、そのただなかに現われ出《い》でる。田辺に従って共同体と個の問題を思索するならば、わたしたちは、つねに、共同体のなかで個はいかに在り、いかに在るべきかという形で問いを立ててゆかなければならない。すなわち、共同体を前提としない個などというものは、すくなくとも田辺流の思索を重視するかぎり、その実在を措定することができない空虚な概念にとどまるといえよう。わたしには、日本人は古来このことについてきわめて自覚的であったように思われる。『日本書紀』推古天皇十二年（六〇四年）四月三日条によれば、皇太子厩戸皇子（聖徳太子）はこの日「憲法十七條」を発布したという。その第一條にはつぎのような言説が認められる。「和を以て貴しと為す」。これは、礼記などの漢籍に基づく言辞で、「和」とは元来「わ」と訓《よ》まれていたのかもしれない。平安朝には貴族たちのあいだでしばしば『日本書紀』の講書会がもたれた。その講書会では、「和」は「やはらぎ」と訓まれることが多かったらしい。現代の日本史研究者のあいだでは、書紀は推古朝における厩戸皇子の役割を過大評価していると見る向きも多い。したがって、「憲法十七條」を厩戸皇子が作ったという書紀の記述に全面的に信憑を置くことには危険が伴うであろうし、また、推古朝に「憲法十七條」が存在したこと自体を安易に信じることはできないかもしれない。しかし、すくなくとも平安朝の貴族たちが、「憲法十七條」の存在を確信し、それを聖徳太子という名称によって聖化されていた厩戸皇子の遺訓として規範化していたことは疑いえない。平安朝以来、日本人は、個と個とのあいだに「やわらぎ」、すなわちなごやかな雰囲気を醸し出すことによって、互いに睦み合うことを、共同体を維持する原拠と見ていたといえよう。こうした考え方は、貴族たちのあいだでばかりではなく、武士階級のあいだでも、あるいは農民のあいだでも、日常的行為を律する模範となっていたように見うけられる。たとえば、武士たちは、戦場での勝利を獲得するために、平時における一族郎党の融和に余念がなかったし、農民たちは「結い」という名の共同作業を日常化することによって互いに睦み合う関係を構築していた。「和」の精神は、近代化による個の孤立化を乗り超えて、なおわたしたち日本人のあいだに生き続けた。それが、戦後の高度経済成長を下支えする原拠となっていたことは、誰しも否定しえないところであろう。高度経済成長の時代、様々な企業で働く人々は、終身雇用制のもとで、互いが互いをかばい合うことによって、生産性を高めていった。弱肉強食の競争よりもむしろ「和」を求める精神が、高度経済成長をその根底から支えていたといっても誤りではないであろう。

ところが、一九八〇年代の中曽根構造改革のあたりから、わが国には米国を起点とする新自由主義が移入され始めた。国鉄を始めとして多くの公共事業が民営化され、新自由主義の競争原理にさらされるようになった。その趨勢は、小泉内閣の郵政改革に至るまで延々と持続し、弱肉強食の原理が経済界を覆い尽くすようになった。社会に出て働く人々は、働くことができない人々の生存権にすら疑義をさしはさみ、「働かざる者食うべからず」という論理が、社会全体の規範となっていった。能力のある者が能力のない者よりもはるかに多額の金銭を得ることは当然であり、能力のない者が貧困化するのはいわば自然の摂理のようなものだという考え方が蔓延し始めた。人々は、他者への同情の念や思いやりを失い、「和」の精神は経済界のなかからさながら害虫のごとくに駆除された。その結果、弱き者、経済的能力において劣る者は、どこまでも果て知れず貧困に喘ぎ、強者、経済的能力において優れた者は、巨額の富を獲得して豪勢な生活をひけらかすという世情が現出した。どうにも埋めようのない格差が、人々のあいだに生じたのである。高度経済成長が始まる一九六〇年代、日本人は総体として貧しい状態に置かれていた。しかし、「和」を基調として営まれる共同社会に大きな格差はなかった。格差は、新自由主義によってもたらされ、新自由主義を信奉する人々によって徹底的に肯定されたといっても過言ではない。新自由主義は、和の精神を駆逐した。それが学校共同体のなかにも滲透し、学校共同体から和の精神が失われ始めたとき、一つの重大な教育上の問題が生じた。「いじめ」の問題である。わが国の初等・中等教育は児童や生徒たちを教室によって区分けする制度をとっている。この制度のもとでは、児童や生徒たちの自由な移動が阻まれる。児童や生徒たちは、日々を同一の教室で同一の集団のもとで過ごさざるをえない。そうした状況のなかで児童や生徒たちのあいだに格差原理が芽生えるとき、その原理はたやすく固定化されてしまう。学習能力の低い人間や、学習能力は高くても他者と交際する能力の低い人間は、排除されて当然であるという思いが、児童や生徒たちの心のなかに宿痾のように巣くう。学校共同体のなかでのいじめは、社会の縮図であり、社会が新自由主義の原理で動くかぎり、おそらく永遠に解消不能な問題となるように思われる。本章の冒頭部で言及したように、わが国の都市部では共同体がその実質を喪失してしまった。都市部に残された共同体は学校共同体のみであるといってもよいであろう。その学校共同体が格差原理に基づいて動いている現実に接するとき、わたしたちは、和の精神の再興ということを真摯に検討しなければならないであろう。

私見では、学校共同体においては、何をさしおいてもまず第一に和の精神が学ばれなければならない。わたしたち、否、すくなくともわたしは、和の精神に基づいた教育を受けて来た。一九五五年に京都で生まれたわたしは、四歳のころから保育園に通い始めた。臨済宗の名刹妙心寺の塔頭のなかにあったその保育園「ゆりかご保育園」では、登園後すぐに、園児たちが一堂に会して「ののさま」（仏様）へのお祈りが始まる。次に園児たちは、皆で一緒にお遊戯をし、それが終わると給食を食べ、その後一斉に「お昼寝」をして、しばしまたお遊戯をしたのちに、午後五時に一斉に帰宅する。お昼寝を苦手としていたわたしは、ひとり砂場で遊ぶこともあったが、概ね全体の規律に即して一日を過ごしていた。そうした日程が判で押したように、二年間続いたのちに、わたしは卒園して小学校にあがった。ゆりかご保育園で学んだのは、個は何よりもまず共同体の秩序に従わなければならないということだったと思う。その後の小学校、中学校、高等学校、大学、大学院での生活もほぼこれと同様だった。教えこまれたのは、学校共同体の調和を乱さない人間になれ、ということだった。わたしは、保育園入学以来二十六年間にわたって、徹底的に「和」の精神を叩きこまれ、ひたすらそれを学んだ。いま大学教員として、大学の秩序をいちじるしく乱すような行動をとらず、周囲に順応して生きることができるのは、そうした二十六年間の教育のたまものだ、とわたしは思う。このようにいうと、そうした教育のなかで個々人の「個性」はどうなるのか、という疑念が投げかけられるかもしれない。その疑念に対しては、わたしはこう応えたい。すなわち、個性などというものは、放っておいても伸びてゆくものなのだ、と。

わたしは現在筑波大学で数名の大学院生と総計五百名あまりの学群生（学部生）を相手に授業をしている。授業の際気づくのは、院生や学生たちの服装がまちまちであることだ。誰ひとりとして他人と同じ服装をしている者はいない。彼ら・彼女らは、特段意識して他人と違う服装を選んでいるわけではないであろう。単に、着たいものを着ているにすぎないのではないか。だとするならば、高校生までの「制服」という規範を脱した彼ら・彼女らは、意図せずにおのずからに個性を発揮していると見ることができよう。巷間に流布した俗説によれば、日本人は共同体に歩調を合わせることは得意としているが、個性を発揮することは苦手であるとされる。しかし、筑波大学の教員として勤務したこれまでの経験によれば、学生たちはけっして没個性的ではない。服装はもとよりのこと、一年間に三回実施する試験においても、彼ら・彼女らは、誰ひとりとして他人とまったく同じ答案を書かない。それぞれの答案には独特の個性があり、それは他人には真似のできないものだ。わたしは、試験に際して、あらかじめ問題を提示し、教科書やノートを含めたすべての資料の持ちこみを可としている。それにもかかわらず、彼ら・彼女らの答案が一枚一枚すべて違っているという事実は、わたしたち教員がことさらに個性の伸長などということを企図しなくても、学生たちはおのずからに個性を発揮するということを意味している。学校共同体での教育に関して個性を特段に重視することは、おそらく無意味であるといっても過言ではあるまい。児童、生徒、学生たちは教員の意図とは関係なく、自在に個性を伸ばして人格的に成長してゆくのである。もとより、このことは、児童、生徒、学生たちの個性を強引に押さえこむことによって秩序感覚を彼ら・彼女らに植えつける形の教育が正当なものであることを意味しているわけではない。共同体の秩序を彼ら・彼女らに認識させることは重要である。しかし、それが個性を無みする方向で行われてはならないことは、ことさらに強調するまでもないであろう。

わたしは、二人の娘を育てるなかで異様な体験をした。娘たちの中学校の卒業式でのことだった。式場の体育館の舞台の奥に巨大な日の丸の旗が張りつけられており、壇上に上がる前と壇から降りる際に、教員たちがその日の丸に向かって深々とお辞儀をするのだ。さらには、式の途中に君が代斉唱の時間が設けられており、教職員や生徒たちはもとより、父母たちにも起立が求められる。法的に、日の丸が国旗と認められ、君が代が国歌と認定されたいま、日の丸への最敬礼と君が代斉唱時の起立とは、特段異様な事柄ではなく、むしろ日本国民として当然の振舞いだと見る向きもあろう。わたしはけっして愛国心を否定しようとは思わない。国旗と国歌とが真に国民の心性を表現するものであるならば、それらを尊重することは当然であるとすら考える。しかし、日の丸や君が代は、民主主義国家日本にふさわしい国旗・国歌なのだろうか。「君が代」すなわち天皇の御代の永続を希求する歌が、国民主権を強調する戦後日本国の国歌にふさわしいとはとうてい考えられない。戦後日本国家において真に讃えられるべきは、天皇の御代の弥栄ではなく、わたしたち国民の繁栄ではないだろうか。すくなとも、中学校で社会科を教える教員たちは、このことを熟知しているはずである。また、教えられる生徒たちのなかにも、国民主権のわが国で何ゆえに天皇の御代の永続性が寿がれなければならないのか、疑問に思う者がいても少しもおかしくはない。教師たちの大半はわたしよりも若年である。生徒たちはさらにもっと若い。彼らがわたしと同様に戦争を実体験として知らないのは当然である。しかし、日本の歴史を教える教師たちや、それを学ぶ生徒たちは、一九三七年一二月、日の丸の旗が翩翻とひるがえる南京城内で何事が起こったかを知っているはずである。そのとき、帝国陸軍は南京市街で少なく見積もっても数万の中国人を虐殺した（中国側の発表によれば三十万人）。殺された中国人の大半は武器をもたない民間人だった。この忌まわしい歴史的事実を知りながら、日の丸の旗に最敬礼ができる者がいるとすれば、そのような人物は、無神経を通り越して醜悪であるとさえいえよう。御上の命令に唯々諾々と従わなければ生活が成り立たない教員たちが、本心をねじまげて日の丸に最敬礼するのは仕方のないことかもしれない。しかし、それを生徒たちにまで強要するのは、一種の暴力ではないのか。生徒たちのなかには、日中戦争のさなかに繰り広げられた無数の虐殺事件を知るがゆえに、あるいは、戦後日本国が主権在民の国家として生まれ変わった史実を認識するがゆえに、日の丸の掲揚と君が代の斉唱とに疑問を懐く者がいるはずである。もし、それを生徒たちの個性と見るとするならば、その個性はけっして無視され黙殺されるべきではない。

和の精神が、秩序維持のための原拠となると考えれば、その涵養こそが教育の目標であることは疑いえない。和の精神は、日本民族の結束を高め、その繁栄を保持するに大きく寄与する。その意味で、和の精神を無視することは許されない。だが、和の精神をあまりにも重視しすぎて、児童、生徒、学生たちを一定の方向に向かせ、現行の秩序に対する一切の批判を封じるという姿勢は、教育者にあるまじき暴挙であるといわざるをえない。個がそこにおいて、あるいはそのただなかで形成される基盤としての共同体を重んじることは、けっして不当ではない。しかし、共同体の秩序を重視することが、児童、生徒、学生たちの個性を圧殺することにつながるとすれば、教育は誤った方向に動いているとしかいいようがない。共同体を重視しつつ、なお共同体を構成する個の個性をも大切にしてゆくこと。それこそが、共同体と個の問題について思索する者の務めであると、わたしは考える。このように述べることによって、「共同体と個」の問題に回答が与えられたとはいえないかもしれない。共同体の「和」も個の「個性」もともに重んじようと説くことは、「あれでもありこれでもある」という態度の現われでしかないともいえよう。しかし、和の精神を大切にしつつ、しかも同時に個性を尊重する方向に歩んでゆくこと、それ以外にはわが国に残された唯一の共同体ともいうべき学校共同体の生き残る道はない、とわたしは思う。学校において、和の精神を大切にするということは、共同体に固有な徳を児童、生徒、学生たちに教えることを意味する。これは容易なことではない。各教科の知識ならば、教科書や指導要領に従って整然と教えることができるであろう。だが、徳は、知的な範型として暗記によって学ばせうるようなものではない。それは、過去において措定され未来をめがけて現在に生き生きと呼吸する生きものであり、生きた素材によってしか語ることのできないものだ。徳を教えるにはどうすればよいのか。はたして徳とは教えることができるものなのか。共同体と個の問題をめぐってまがりなりにも一応の結論に達したいま、わたしが問うべきは、徳の根幹に関わるこうした問いである。

第四章　徳は教えることができるか？

1

プラトンは、中期の対話篇『メノン』において、つぎのような問題を提起している。

人間の徳は、ひとに教えることができるものであろうか。あるいは、それは教えることはできず、訓練によって身につけられるものではないか。あるいはまた、人間に徳が備わるのは、訓練によってでもなければ、学習によってでもなく、生来の素質、もしくは、他の何らかの仕方によってではないか。（70A）

学校共同体における徳の教育、すなわち道徳教育は、徳ないしは道徳を多数の児童や生徒たちに教授することが可能であるという認識を、いわば暗黙の前提として実践されている。しかし、そうした教授可能性についての確信に論理的な根拠があるか否かが問われた場合、わたしたち教師は、これに対して明確な回答を与えることができるであろうか。かりに徳・道徳の本質をいかにとらえるべきかという根源的な問いを括弧に入れて留保しつつ、経験的な視座から徳・道徳にある具体的な姿をもたせることが許されるとしても、それは、その具体像を範型として自己の在り方を決定してゆこうという志向性が教えられうることを意味しているとはかぎらない。たとえば、戦前の修身の教科書にあった、戦死してもなおラッパを口から離さなかった一兵卒の例が、天皇への忠義の徳を児童たちに植えつけることを真に可能にしたかどうかは疑問である。児童たちのなかには、死後硬直ということを知っており、その兵卒が死んでもラッパを離さなかったのは、実は「離さなかった」のではなく「離せなかった」のだと考える者もいたはずである。具体例が可能にするのは、徳目を児童や生徒たちに心底から信奉させることではなく、単に彼らの情緒を刺激することでしかないように思われる。徳・道徳の教授は、論理的系統性に基づいて構築される知的な体系であるよりも、むしろ、被教授者たる児童や生徒たちの情念を特定の具体像へ向けて刺激する情緒的な営みと見るべきで、その営みは、単に教師の経験則に即するものにすぎないのではないか。直接自己の生きざまに関わる事柄として、こうした問題提起に正面から向き合うとき、道徳教育を行う立場に在るわたしたち教師は、みずからの実践、すなわち道徳教育の意義を確認し、かつそれを維持することができるのか否か。本章では、プラトンないしはギリシア哲学の徳論・道徳論を参看しながら、この点について思索をめぐらせてみたい。

何かを教えることができるかどうかは、ひとえに、その何かがある名称のもとに具体的に特定されうるか否かにかかっている。「心」を教えるといっても、その心が具体的にどのような心性を指しているのかということを示さないかぎり、教授の試みはいたずらに空転するばかりとなってしまう。具体的に特定されえない漠たる抽象物は、教授者自身にとってすらそれを明瞭にとらえることが不可能なもので、それが「教える」という行為に結びつく可能性はかぎりなく零に近いといえよう。現実を遠く離れた形而上学的思弁が、特殊な児童や生徒を除いて、多くの一般的な児童や生徒たちには理解されえない所以である。教授者の内面で具象化されうるもの、一定のイメージを以てとらえられつつ「ことば」（ロゴス＝理性）によって具体化されうるもののみが、筋道だった教授の対象となりうる。したがって、徳がもし教えることのできるものであるとするならば、それは、ある名称を与えられうるもの、すなわち、具体的な何かとして言い表わされうるものでなければならない。プラトンは、その著作活動の初発的な段階で、すでにこの点に関しての犀利な認識をもっていた。彼は、初期対話篇『プロタゴラス』において、徳は「知」に集約されうるという考え方を披瀝することによって、徳を教授する可能性を模索する。「ソフィストたち」という副題を付された対話篇『プロタゴラス』は、真のソフィストを自認するプロタゴラスと少壮の哲学者ソクラテスが「徳は教えることができるか否か」をめぐって議論するという体裁をとる作品で、主題のうえではのちの対話篇『メノン』と重なり合う。ところが、この主題についての両対話篇の結論は、互いに相反するものであった。すなわち、『プロタゴラス』が、ソクラテス側の（したがってプラトンの）結論として、徳は知であるがゆえに教授可能であるという認識を示すのに対して、『メノン』は、徳は教えることができず、それが人間に備わることがあるのはひとえに神の恵みによるという結論を導き出す。比較的近接する時期に書かれた二つの対話篇が結論とするところをまったく異にするという事実は、いったい何を意味するのか。徳論をめぐるプラトンの真意をとらえるためには、当然この問題を問わなければならない。しかし、その前にまず、徳は総じて知に帰着するという彼の見解について、その内実を鮮明にしておく必要があろうかと思われる。

『プロタゴラス』のソクラテスは、徳の教授者を自認するプロタゴラスに対して、徳は教えることができるものかどうか疑問であるという見解を示しつつ、徳をいかに規定すべきかという議論のなかに入ってゆく。その際、ソクラテスは、徳を一つの名称によって単一に規定されるべきものととらえながらも、しいてそれを分節化するとすれば、つぎの五つに分けることができると主張する。すなわち、「勇気」「知恵」「節制」「正義」「敬虔」である。しかしながら、この分節化は、五つの別種の徳があるという認識を反映しているわけではない。ソクラテスによれば、これらの諸徳のうちでもっとも枢要なるものは知恵である。彼は、他の四つの徳は外貌こそ各々の特殊性を示してはいるものの、その実、最上位の徳である知恵に一律に帰着する、という。たとえば、戦場における勇気は、戦うための「技術」(テクネー)に習熟することによって得られるのであって、その技術とはつまるところ知恵にほかならないのだから、勇気は知恵と同義ということになる、とソクラテスは語る(350C)。ソクラテスはさらに、対立概念たる臆病との対比のもとに勇気の本質をとらえ、つぎのように主張する。すなわち、臆病が「怖るべきものと怖るべからざるものに関する無知」であるのに対して、勇気とはその反対に、「怖るべきものと怖るべからざるものに関する知恵」を意味している、と(360C-D)。ソクラテスによれば、勇気以外のすべての徳も、これと同様にして知恵に帰一するのであって、結局のところそれらはすべて知恵以外の何ものでもないことになる。

知恵=知は、ことば(ロゴス=理性)によって具象化することが可能であり、筋道立てて理論化することができる。こうした具象化され理論化されうるものが、他者に対して教授可能であることは論をまたない。したがって、『プロタゴラス』のソクラテス(すなわちプラトン)は、「徳は教えることができる」というプロタゴラスの見解を疑問視することを議論の出発点としながら、つまるところ、プロタゴラスのその見解を承認することをもって、みずからの議論のとじめとしていることになる。既述のごとく、『プロタゴラス』から『メノン』に至る過程において、徳は教えることができるか否かという問題に関するプラトンの見解は百八十度転換してしまう。

すなわち、『プロタゴラス』において徳は教えることができるという見解を呈示したプラトンは、『メノン』では一転してその見解を放棄し、徳は教えることができないという認識を披瀝するのである。この転換を説明づけるためには、プラトンの徳論のうちに根本的な変化を認めざるをえない。プラトンの徳論は『プロタゴラス』から『メノン』へと至る経緯のなかでどのように変化したのであろうか。以下、『メノン』の論述を追いながら、この点に迫ってみたい。

2

『メノン』において、プラトンは、徳を教えることができる可能性の有無を、具体例から検証する方法をとる。後述するように、この方法には一つの難点が内含されているけれども、プラトンがそれに気づいていた形跡は、すくなくとも『メノン』の文脈それ自体には認められない。『メノン』の主な対話者は、晩年のソクラテスとテッタリアの青年メノンとである。本章の冒頭に掲げた問いは、メノンがソクラテスに向けて発したもので、それが起発点となって著名な「想起説」などを含んだ多岐にわたる議論が展開される。その議論のなかで、ソクラテスは、テミストクレスやアリステイデス、ペリクレス、トゥキディデスといった徳において卓越した政治家・将軍たちは、もし徳が教えることが可能であるものならば、それを自分の息子たちに教授したはずであると語る。ところが、彼らの息子たちは、徳においてすぐれた人物とはならなかった。このことは、徳が教えられるものではありえないことを端的に示している、とソクラテスはいう(93B以下)。ソクラテスの対話者たちは、彼のこの論説に対して有効な反駁を行うことができない。そのため、議論はソクラテスが一方的に主導するところとなり、「徳は、生来備わるものでもなければ、教えることのできるものでもなく、むしろ徳ある人々がいるとすれば、それは、知とは無関係に、神の恵みによって備わることになる」(99E)という主張が、この対話篇全体の結論として導かれる。

しかし、現に徳が教えられていないということは、そのままただちに徳が教えられないということに直結するわけではない。現在、もしくは現在以前の具体例は、たとえそれが無数に手に入れることが可能であるとしても、未来における例外の存在を全面的に排拒するための根拠とはなりえないからである。たとえば、朝日が東の空から昇ることが人類史のなかで何十万回確認されようとも、それは、明日もまた曙光が東天を染めることを保証するものではない。五百回の耐久実験に耐えぬいた橋脚が、五百一回目には崩落するという事態もありえないことではない。これと同様に、過去の有徳者が、自分の息子たちを徳あるものとなしえなかったという事実は、未来永劫にわたって徳の教授がまったく不可能であることを意味していないのである。徳が教えられないという『メノン』におけるプラトンの議論は、単なる経験則に基づく蓋然的な議論で、そこには透徹した論理性は見いだされえない、というべきであろう。自己の議論のうちにこのような難点を抱えつつも、プラトンがあえて徳は教えることができないという認識を強調したのは、おそらく、「徳は知である」という命題の信憑性に対する彼の視点が大きく転換したことに由来するものと思われる。『メノン』においても、プラトンは徳が知であるならば、それは教えることができるという認識を披瀝する。ソクラテスとメノンとの議論は、その半ばまでの段階では、「徳は知であり、したがって教えることができる」という結論を導く方向へと動いていた。ところが、ソクラテスは、「徳は知である」という当初の認識をみずから翻して、「ただ知によって導かれる場合にのみ、人間の行為がりっぱに行われるわけではない」(96E)と語る。ここにおいて、ソクラテスすなわちプラトンは、徳が知に帰一するという認識を放棄したのであり、それを放棄したがゆえに、彼は、徳の教授可能性を否定する方向へといざなわれたのであった。では、プラトンは、なぜ「徳は知である」というみずからの初期の思想(『プロタゴラス』)において確立されたテーゼを捨て去るに至ったのだろうか。プラトンの徳論についてその真義を追う際には、この問題を看過することは許されない。ただし、「徳は知でない」という認識が、プラトンの内面に確立される過程を鮮明な形で具示する文脈は、彼の一連の対話篇のなかには見あたらない。したがって、当面の問題を追うにあたっては、プラトンの徳論の背景に存する外縁的な事柄に視線を投じながら、それによってプラトンの徳論を照射する、いわば文献外在的な手法をとらざるをえない。

知は「知る」ことを前提として、それに支えられつつ成立する。「知る」ことは、すくなくとも古代ギリシアに関するかぎり、主体（主観）と客体（客観）との弁別性に基づいて、主客の関係に一定の方向性を与えることにほかならない。すなわち、ギリシア的な意味で知るということは、建築物を建てることや詩作や魂を善導することなどの様々な技術（テクネー）において卓越性を発揮することと同義である。したがって、それは、技術的な有効性・有用性という視点に立った主体（主観）の、客体（客観）を支配することへの願望に基づく、客体（客観）への一方向的な働きかけという意味合いをもつことになる（拙著『日本人の知―日本的知の特性―』北樹出版、一九九五年、序章二「ギリシア的技術知」参照）。端的にいえば、ギリシア的な意味で知るということは、主観的精神の「働き」であり、「活動」の一種であるといえよう。『プロタゴラス』において、プラトンは、おそらく徳を活動もしくは活動の完成態ととらえたのであろう。徳と知は、活動に密着するがゆえに同質でありうるという判断が、プラトンを「徳は知である」という認識へと向かわせたのではなかったか、と思われる。たしかに、徳は活動と無縁ではありえない。勇気ある振舞いや正義を具体化する行動等々が、そうした振舞い・行動の（つまりは活動の）主体の徳性を端的に示していることは否みがたいからである。しかし、常識的に見て、徳の活動に対する関わり方と、知の活動に対する関わり方とは、それぞれ反対の方向性をもっていると考えられる。というのも、知は知るという活動の結果として得られるものであるのに対して、徳は、有徳なる活動の結果であるよりも、むしろ有徳なる活動の原点であり出発点にほかならないからである。たとえば、勇気に関していえば、勇気ある振舞いが勇気という徳を生み出すのではなく、逆に、勇気という徳が勇気ある振舞いを導くと解するべきであろう。

このことに関連して留意すべきは、後にアリストテレスが『ニコマコス倫理学』において、徳を活動と見る考え方を排して、徳は「状態」であるという認識を呈示している点である。アリストテレスは、人間の生の究極目的は「善」であり、それはつまるところ「幸福」（エウダイモニア）にほかならない、と主張する。アリストテレスにおいては、善は幸福と等号をもって結ばれるのであり、しかも、幸福とは「徳に即した魂の或る活動」（『ニコマコス倫理学』1099b）である。アリストテレスは、徳を、魂の活動としての幸福（＝善）が、それに基づいて生起するところの始発点（根源）ととらえているのである。彼においては、徳は、いわば活動の源泉と目され、活動それ自体とは区別されているといわなければならない。『プロタゴラス』から『メノン』に至る経緯のなかで、プラトンは、徳を活動と見る視点を廃棄し、それを状態と見る考えに立ち至ったのではなかったか。徳が、活動がそこに由来するところの原点たる状態であるとするならば、それを、活動の帰結点たる知と同一視することはできない。したがって、プラトンは、「徳は知である」という『プロタゴラス』の基本認識を『メノン』において放棄し、後者においては逆に

「徳は知でない」と判断するに至ったのではなかったか、と思われる。プラトンよりも時代的に後に位置するアリストテレスの見解を、プラトン解釈に援用することには、大きな危険が伴う。まして、アリストテレスは、プラトンの弟子としてプラトン哲学を継承する哲学者であると同時に、イデア論などに関しては、プラトン哲学の徹底した批判者でもあった。彼が、「第三の人間論」を提起しプラトンのイデア論をその根底から批判したこと、あるいは、プラトンの理念重視の態度を非として経験主義の立場に立ったことなどは一般に広く知られるところとなっている。このことを顧慮するならば、アリストテレスの徳論からプラトンのそれを類推することは無謀であるとの誹りを免れないように見えるかもしれない。しかしながら、「徳は知である」という認識から「徳は知でない」という認識へのプラトンの比較的短期間での転換については、徳を「活動」と解する見方から徳は「状態」であるという観点への視点の移行ととらえる以外に、論理的にそれを説明づけるすべはない。アリストテレス的な徳論は、すでに『メノン』の段階のプラトンにおいて萌芽していたと見るべきであろう。すなわち、徳は知よりもいっそう根源的なものであるがゆえに、徳と知とを同一視することはできないという見解は、すでにプラトンにおいて確立されており、そこからアリストテレスへと引き継がれていったものと推察される。

「徳は状態である」という認識は、「徳は教えることができない」という考え方を尖鋭化させる。ここでいう状態とは、事物の一時的で可変的な様相と同義ではなく、むしろ事物本来の根源的で不変的な存在性の謂《いい》にほかならないからである。一時的で可変的な様相とは、時と場合に応じて事物がかく在るということを意味する。それは、時（時間）や場合（空間的状況）の認識をとおして具体化されうるがゆえに、教えることも可能である。ところが、根源的かつ不変的な存在性は、人間をも含めた事物に固有な本来性を指し示しており、そのような本来性の自覚は、他者から教えられることによって導かれるようなものではありえない。本来性の自覚とは、透徹した自己認識を、すなわち自己自身を徹底的に知り抜くということを意味している。自己自身についての覚知は、みずからの内奥を凝視する自己の魂の働きによってこそ導かれる。その場合、他者の教導は、補足的な意義を担うにすぎない。ただし、たとえ補足的な局面に限局されるにしろ、教導の可能性が多少なりとも容認されうるとすれば、それは、徳そのものではなくとも徳に関する何かが、あるいは徳のかぎられた部分が教授可能となる地平が開示されうることを暗示しているように思われる。自己の本来性の覚知を他者に求めることは、「汝自身を知れ」と要請することに等しい。「汝自身を知れ」という命題の実現が強く求められる場合に、教育が「汝自身を知る」試みのすべての過程に貫徹されうると考えることは、教育に携わる者の僭越であろう。しかし、教育が、人々を「汝自身を知る」ことの重要性をつねに確認している在り方にむかっていざなうことができるとすれば、根源的かつ不変的な存在性としての徳、すなわち本来性としての徳は、すくなくとも部分的には教えることができるものとなりはしないだろうか。本章では、つぎに、ひとりプラトンのみならずギリシア哲学全般が、元来徳を本来性の謂に解していたこと、およびその本来性の本義に迫りながら、この推察の当否を検討してみたい。

3

ギリシア哲学の徳論に論及する場合、注意を傾けるべきもっとも重要な事柄は、「徳」という語に相当するギリシア語が「アレテー」であるということである。アレテーとは、実は、倫理的な優秀性・卓越性の意を表わす「徳」よりも、内包するところの広い概念である。もとより、アレテーは倫理的な優秀性・卓越性を含意するから、これを「徳」という日本語に置き換えることは十分に可能ではある。しかし、アレテーはただ「徳」にのみ帰着すると考えることは妥当ではない。アレテーは、「徳」でもありうるけれども、場合によってはより広い概念を表わす日本語に置き換えることが可能であると見るべきであろう。もし、アレテーが倫理的な優秀性・卓越性の意にとどまるものであるとするならば、それは、倫理を構築する主体たる人間の性状に言及する語としてのみ使用されるはずである。ところが、ギリシア語の様々な文脈において、アレテーは、頻々と人間以外の事物についても用いられる。たとえば、馬には馬特有のアレテーがあり、椅子には椅子なりのアレテーがあるとされる。こうした場合、アレテーは人間的徳よりもいっそう広い意味で使用されているのであり、それは、事物本来の態様もしくはその原拠の意と見るべきであろう。すなわち、馬のアレテーとは、騎乗する者をできるだけ迅速かつ安全に運載することと、もしくは、人力をもってはとうてい運ぶことができない重い荷を担うことなどである。また、椅子のアレテーとは、人間の臀部をしっかりと支えて人間の下半身を休息させることにほかならない。要するにアレテーとは、事物に固有な、そのもの本来の性状の謂であって、人間のアレテーとは、元来、人間の固有性ないしは本来性を意味しているものと解せられる。この固有性・本来性が、倫理的視点から解釈されつつそこに限局されることをとおして、アレテーは徳の意味をもつに至ったのだ、と考えなければならない。

しかし、アレテーは、徳の意味に限定されて用いられる場合にも、その原義というべき固有性・本来性の意味を失わない。すなわち、人間のアレテーとは、事物のそれと同様に、そのもの本来の固有な在り方において在ることを意味している。したがって、もしいま人間のアレテーとは何かという問いを立てるとすれば、それは、つまるところ人間の固有性・本来性への問いに帰結することになる。人間の固有性・本来性とは、人間が在るがままに在る場合の、その在り方にほかならない。アレテーとは何かと問うことは、「在るがままに在る」ということはいかなる事態を意味するのかと問うことにほかならないのだといえよう。在るがままに在るということを、東アジアの言語に置き換えるとすれば、『老子』に対する王弼の註に由来する「真」ということになるであろう。したがって、アレテーとは、真なる状態の謂と考えられる。真なる状態とは、一見、人間が現にかく在るということ、いいかえれば人間の現実存在を指しているかのように見える。しかし、実は、真なる状態、在るがままに在るということは、人間が通常の生においては容易に実現しえない事態である。いま自身がこのように在るということが、在るがままに在ることを意味するとは一概にはいえない。何をもって在るがままに在る状態とすべきかは、謎に包まれて簡単には闡明できない事柄であるというべきであろう。在るがままに在るということは、人間にとっていわば一種の理念であり、その現実化は至難であるといっても過言ではない。何をもって自己の真なる状態、在るがままの在り方となすべきかは、自己の本質を理念的にとらえることなくしてはあきらかにしえないし、しかも、自己の本質の発露は、往々にして実社会の種々の規制のもとで抑制されるからである。

プラトンが彼の徳論（アレテー論）においてめざしたものも、こうした真なる状態の獲得ということであった。いいかえれば、いかにすれば自己が在るがままの状態に達しうるかということがプラトンの課題であり、その課題が「教育」をとおして果たされうるか否かを、彼は本章の冒頭に掲げた問いの形で問うたのだといえよう。真なる状態、在るがままの状態への問いは、人間にとって自己自身の根源への問いであるがゆえに、他者からの教育をとおして、その全面的な解決が可能となるようなものではありえない。プラトンは、おらくそのように考えたのであろう。

それゆえ、彼は、最終的に、「徳は知でなく、したがって教えられない」という立場に立ったものと推察される。

現代において、徳ないしは道徳の教育に携わるわたしたち教師は、プラトンのこうした考え方を虚心に受けとめながら、「徳の教師」としての自己規定についてその妥当性の有無を再確認する必要があるのではないだろうか。道徳教育とは、仁、義、礼、智、信、孝などの徳目を列挙し、それらを児童や生徒たちに覚えこませることで、事足れりとなしうるようなものではないであろう。徳目に具体例を伴わせることができれば、それによって道徳の具象化が可能になり、「徳」「道徳」を教えることができると考えるのは、あまりに短絡にすぎる。具体的事例を並べ立てることによって道徳教育が十全なものとなりうるとする発想からは、道徳教育の可能性は拓かれえない。わたしは、幼少時から徳目を具体例で示す形の教育を受けてきたが、正直にいって、そうした教育は内面の倫理的な悩みを解消するようすがとはなりえなかった。具体的事例は、個々の行為が時・処・位に応じていかにありうるかを具示するものではあっても、行為全般の普遍的な範型、すなわち徳の理念型を呈示するものではないからである。道徳教育とは、児童や生徒たちの心底に、「在るがまま」（真）を求めることの重要性に関する自覚を植えつけることをめざすものでなくてはならないのではないか。ただし、何が在るがままであり、真であるかは、児童や生徒たちが、各自、自己の魂の問題としてとらえ、かつは独自に追求してゆかなくてはならない。道徳教育は、ただその在るがままということ、真ということについて考えさせる方向へと、児童や生徒たちをいざなうにすぎない。道徳教育の役割は直接的なものではなく、間接的なものにとどまるというべきであろう。しかしながら、このことは、道徳教育がまったく無力であることを意味しているわけではない。

現行の教育体制は、個々の学問分野に相応する形で個別化されている。つまり、教育は、個々の分野に分かたれて、各分野ごとに個別的に行われているのが現状である。ひとりの教師が多数の学科を担当する小学校の場合も例外ではない。そこでも、教育は個々の科目別に実践される。ただし、道徳教育以外の各科目は児童や生徒たちの人間性そのものには関与しない。たとえば、数学は数理の知識を教えるだけであり、国語は読解力や表現力を養成するにとどまる。児童や生徒たちの人間性の涵養を志向し、彼らの固有性・本来性を問うのは、ひとり道徳教育のみであると断定してよい。その道徳教育は、児童や生徒たちに直接徳を授けるような力量を備えたものではありえないけれども、すくなくとも、自己の真なる姿、在るがままの在り方を追求する動機を彼らに与えることはできる。その意味において、道徳教育は、無力であるどころか、むしろ、現行の教育体制のなかで、全人的視座に立った教育を具現しうる権能を有する唯一の分野であるといっても過言ではあるまい。徳・道徳の教授がまったき意味において可能であり、教えることをとおして児童や生徒たちが自己の固有性・本来性に目覚めるという事態が成り立ちうると考えるのは、わたしたち道徳教育に携わる者の過信でしかない。しかし、道徳教育は、児童や生徒たちに対して、自己自身を問うことを要請する。その要請は、生きて在ることそのものに関わる総合的で体系的な学たる「哲学」に根ざしている。その意味で、道徳教育は一つの根源性を開示するものといえよう。このことに留意するならば、道徳教育に対する単に表層的でしかない批判は排拒されてしかるべきである。道徳教育は、固有性・本来性、すなわち在るがままに在ること（真）についての哲学的洞察を内含しうるがゆえに、すくなくとも、徳を教えることの「発端としての部分」にはなりうる。固有性・本来性としての徳は、道徳教育を通じて部分的に教えることができるものなのである。もとより、「発端としての部分」を教えることができるということと徳全体を教えることとが同義ではないことは、喋々するまでもない。だが、道徳教育が、最低限「徳へのいざない」として重要な意義を担いうる可能性を否定することはできないのではないか。

『ニコマコス倫理学』において、アレテーを「中庸」（メソテース）として定義する際、アリストテレスは、名称を与えることが不可能な中庸の一状態として、「在りのまま」という人間の在り方を呈示している（第四巻第七章）。アリストテレスは、在りのままに在ること、すなわち人間の生がピュシス（自然）に即して在ることが、現生態（Sein）としての性格よりも、むしろ理念態（Sollen）としての性格を濃厚にもつことを鋭く見抜いていた。理念態としてのアレテーは、おそらく教えることができないであろう。しかし、在るがままの真なる態様を忘却したまま現生態に在る人々に対して彼ら自身の理念態を想起させようという営みは、けっして無意味であるとはいえない。アレテーの根幹をなす人間的態様の一つとして在るがままの真なる状態を呈示し、それについての論究を試みたとき、アリストテレスは、そうした営みの有意味性を確信していたと見るべきであろう。道徳教育を実践している者、あるいはそれを実行に移そうと企図している者は、かりに徳が全面的には教授不能であるとしても、そのような確信を自己意識の根底に据えることによって、みずからの存在意義と自己の実践の意義とを正当に認知することができるのではないかと思われる。

4

以上の議論によって、徳は全面的に教えることはできないけれども、その発端としての部分は教授可能であることがあきらかになった。「徳は教えることができるか?」と題する本章にとって残された問題は、大学の倫理学教師として生きているわたしが、徳を教える実践として、いま現に何をなしており、今後何をなすべきかという問題であろう。人はいうかもしれない。お前は、倫理学の教師であって、徳の教師ではないではないか、と。たしかに、学問としての倫理学と道徳教育とは同一ではない。倫理学とは、倫理をめぐる先人の学説を跡づけながら、今後の倫理の在るべき姿を探る「学問」である。道徳教育は学問ではなく、徳・道徳を教えるという「実践」である。学問と実践とを同一視することは、短絡との謗りを免れない。しかし、倫理学は「倫理」に関わり、その基礎づけを行うべき役割をも担う。倫理と道徳とのあいだに深いつながりがあることは、誰しも否定することができないであろう。倫理とは、横並びに並んだ仲間たちのあいだの筋道の意であり、共同体ないしは社会の行為規範にほかならない。それが個々人のあいだで妥当性をもつものとして内面化されることによって、道徳が成立する。倫理が外在的な規範であるとすれば、道徳は内在的規範であるといってもよいであろう。前章「共同体と個」において詳述したように、種的共同体（種）と個とのあいだには密接なつながりがあり、種を前提としない個も、個を無視した種もともに十全な形では存立できない。とするならば、倫理は道徳を包摂しうるし、道徳は倫理を自己の内部に呼びこむことができるものと考えられる。倫理をめぐって思索をめぐらすことは、道徳について熟慮することと同義であるといってもよいであろう。したがって、大学の倫理学教師としてのわたしは、自己の職責に忠実であろうとするかぎり、倫理はもとより道徳についても、自分なりに深く考えてみなければならない。まして、「教師」を自認する以上は、自分が学生や院生たちに向かってどのような形で徳を教えているのかを振り返りつつ、その教え方の理念態を掻き探らなければならない。

ただし、わたしは、教師である前に一個の人間である。一個の人間としてのわたしは、他者に向かって徳を教えるという不遜を犯す前に、まず己れが徳あるものたりえているかどうかを己れ自身に向かって問うてみなければならない。徳とは、真なる状態を、すなわち在るがままに在るという態様を実現しえていることを意味する。わたしは二十数年ものあいだ常時鬱情態に置かれてきた。この鬱情態こそがわたしの在るがままの姿であり、それを抑制しようとするとき、あるいはそこから逃れ出てことさらに明朗な雰囲気を醸し出そうとするとき、わたしは、己れの「在るがまま」から逸脱している。己れの「真」に、いいかえれば徳ある状態に生きようとするならば、わたしは、己れの鬱情態から目を逸らしてはならないはずである。ところが、一個の人間としてのわたしは、ともすればこの鬱情態が自己の心性の常態である事実から故意に目を背けようとする。そうであるかぎり、わたしはみずからを徳ある者とはなしえていないといわざるをえない。そのような人間が、徳の教師として学生たちの前に立つことは笑止でさえある。わたしは、日々の講義や演習をとおして徳について語る。しかし、その語りは、まるで己れが鬱情態とは無縁であるかのような装いのもとになされることが多く、とうてい一個の人間としての「真」を貫くものとはいえない。徳の教師として、本来わたしがなすべきことは、みずからの鬱情態に忠実であり続け、学生たちの前で、そうした鬱の在りようをあからさまにさらけ出すことではないか。「教師」は「一個の人間」に還元されてはならないという考え方もあろう。だが、そうした考え方には、「実存」への視座が欠けている。実存として己れの在ることそのものを凝視するとき、教師は自己の奥底にある一個の人間としての「個」性を、教える相手の前に露呈しなければならない。徳の教師として学生たちに語りかけるということは、一個の人間として、その固有性・本来性をあらわにすることにほかならないといえよう。

昨今の学生たちのなかには、鬱情態に苦しむ者が多い。しかし、すべての学生が鬱情態にあるわけではない。わたしがみずからの鬱情態を率直に告白したとしても、同病相憐れむ形で、わたしに同情しかつ自身を慰める者の数はさして多くはあるまい。鬱情態にあることを重大な精神疾患と見る学生たちにとっては、わたしの告白はおそらくある種の恐れを懐かせる因とさえなるであろう。常識的に見て、わたしが己れの「真」を露呈することは得策ではない。それにもかかわらず、わたしは思う。徳を教えるということは、教える側が教えられる側に向かって、己れの在るがままの姿をさらけ出すことにほかならない、と。前章でも述べたように、わたしは、恩師大島康正先生の酔いどれた姿を目のあたりにした。そのような姿を学生の面前にさらされた先生の真意はいまだに分からない。しかし、わたしは、その姿に接して重要なことを学んだように思う。酔眼の彼方にしか解き放つことのできない悲しみを先生は抱えこんでおられたに違いない。深い悲しみを抱えたままの姿をわたしたちの前にさらすことによって、先生は、徳の教師として、人間にとって「真」とは何か、「在るがまま」とはどういうことかを、わたしたちに示されたのではなかったか。先生の「真」をいかに受けとめるかという点に関して、わたしたち弟子の態度は多様性を帯びている。ある者は、そこに単なるアルコール中毒を見たにすぎないであろうし、またある者は人間存在の根源にまつわる弱さを見いだしたかもしれない。先生の「真」に対して、どのような見方をするのが正しかったのか、わたしにはいまだに分からない。だが、先生の「真」を、単なるアルコール中毒や人間の弱さの現われと見た人々は、己れがそうはなるまいと固く誓うことによって、それぞれ独自の生を構築しえたのではなかったか。だとすれば、先生が己れの「真」を学生たちの面前で示されたことは、徳の教授としての意義を担っていたというべきであるように思われる。同様に、わたしがみずからの鬱情態を学生たちの面前で露呈することは、同じ情態に苦しむ学生にとってかすかな慰めとなると同時に、その他の学生たちにとって、反面教師としての役割をも担うことになるであろう。「あの先生のようになってはいけない」と学生たちが考えるとすれば、わたしがわたしの「在るがまま」を呈示する意義は十分にあると思われる。

第一章でも説いたように、鬱情態に耐えぬく途を見いだすためには、鬱に苦しむ自己自身を徹底して客観化しなければならない。鬱に陥った自己を「かわいそうなわたし」と見る自愛的な視座に立つかぎり、問題を解決する糸口はどこにもない。鬱に苦しむ自己を対象化して他人ごとのように眺めるもうひとりの自己の存在を確認することが、鬱に耐えるよすがとなる。そして、その客観化は、超越的なものの存在を認めることによって、よりいっそう研ぎ澄まされたものとなる。現世を超えて在りながらも、現世に働きかける何ものか。それを認めるとき、自己の卑小さが際立ち、その卑小な自己が抱えこんでいる情念の愚劣さがあらわになるからである。自己が後生大事に抱えている鬱情態が、超越的な存在の面前では、芥子粒ほどの意義も担いえないことを自覚するとき、わたしたちは、それを抱えていること自体の愚かしさを、いやがうえにも思い知らされることになるであろう。そのとき、鬱情態は、けっして消え去ることはないけれども、それを徹底して客観化する視座のもとで、己れ自身から距離を置いて宙に浮く。虚空に浮遊する心の情態をめぐって、己れ自身を責めることは虚しい営みでしかない。このことに気づくとき、鬱情態に沈む心は、何ものかにむかって解き放たれる。超越的なものの存在を認めることを宗教と名指すことが許されるとすれば、鬱情態は宗教性を生きることによって緩和されるといっても過言ではないであろう。鬱情態を生き続けようとする人間は、宗教性から離れることができない。もし、鬱情態が現代を生きる人間たちにとって次第に常態化しつつある心性であるとすれば、現代人の多くは、宗教性のなかで生きることになるであろう。次章では、宗教性が現代人の心に定位されて在ることを、ひとりのマルキストの思索を探ることによってあきらかにしたい。宗教を阿片として斥けるはずのマルキシズムすらも、その根底に宗教性を忍ばせることが明瞭になるならば、現代人と宗教とのけっして切り離すことのできない親密な関係が浮き彫りになるはずだからである。

第五章　あるマルキストの肖像

1

河上肇（一八七九—一九四六）。戦前期を代表するこのマルキストについては、いまなお経済学の分野からあまたの研究者たちによって、多様な考察がなされている。古典派経済学の研究から出発し、「貧乏」という社会問題を発見することをとおして、やがてマルクス主義経済学に身を投ずるようになったこの学究は、日本における経済学の草分けとして、けっして無視することが許されないからである。しかし、その思索と著作の範囲が時として経済学の範囲を超え、宗教や文学にまで及ぶ河上を、純然たる経済学者と規定し、彼に関する研究を経済学の領野に限局することには、いささか無理があるように思われる。河上は、経済学の枠を踏み超えた、よりいっそう幅の広い思想家として、哲学・思想の分野からもその思想を追究されるべき人物ではないか。ところが、現今の哲学や日本思想の研究において、河上が正面から取り上げられることは皆無といっても過言ではない。マルクスの『資本論』の忠実な祖述者としての側面を濃厚に示し、この書の枠を踏み超えて独自の思想を紡ぎ出すことが少なかった河上について考察するよりも、むしろマルクスそのものに取り組んだ方が、哲学・思想の研究としてはよりいっそう有効だと考えられたからであろう。しかしながら、河上には、マルクスやエンゲルス、あるいはレーニンなどには見られなかった思想上の特質がある。マルクスやマルクス主義者たちが、唯物弁証法に根ざす自己の思想を倫理や宗教の問題から切り離したのに対して、河上が、資本主義の生産関係が瓦解し共産主義の生産関係がそれにとってかわる過程を考量する際に、その過程を領導する人間の思惟の基盤として倫理や宗教の問題を念頭に置いていた点が、それである。本章では、河上のマルクス主義経済学が、倫理や宗教への深い関心をその内奥に包みこみながら展開されていった過程を、河上経済学の初発の問題意識に即してあらわにしてみたい。

わたしは、寡聞にして、マルクスやマルクス主義者たちが倫理の問題をいかにとらえていたかを知らない。しかし、彼らが宗教を阿片ととらえ、無神論の立場に立っていたことは常識の範囲に属する。マルクスやマルクス主義者たちにとって、資本主義の生産様式が共産主義のそれにとってかわられる過程は、科学的な必然性に基づくものであって、宗教的思惟に介在されて生じるような事態ではありえない。もし、河上がその過程を領導する原理として宗教をとらえていたとすれば、彼は、マルクス主義から逸脱したマルキストという奇妙な立場に立っていたことを意味することになるのかもしれない。だが、これは奇怪な事柄として、あるいは河上の思索の未熟を示すものとして、全面的に排拒されるべきなのだろうか。マルクス主義が科学であると信じる人々は、生産様式の転換に宗教が介在するという発想を愚劣な誤謬として斥けるに違いない。だが、労働能力の多寡がそのまま経済上の貧富につながることを徹底して否定し、能力に応じて働く人々の平等を追い求めるとき、マルクス主義は、宗教的な自己犠牲の精神抜きにそれを実現できると考えるのだろうか。ソビエト連邦を中心とする東欧の社会主義経済が、金属疲労を起こして瓦解した今日、社会主義ないしはその究極的な発展形態としての共産主義は、宗教的なお題目にすぎなかったと説く人々は多い。しかし、わたしは、マルクス主義そのものが宗教だったとは考えない。『資本論』に代表されるマルクスの理論は、十九世紀中盤の最先端の資本主義国家イギリスにおいて労働者が置かれた惨状を目のあたりにし、労働者の解放をめざしながら、現行の資本主義の在りようを怜悧に分析したものであり、その分析には宗教的要素が介在する余地はないと思われるからである。わたしは、ただマルクスの理論が実践に移される場合、そこには何らかの宗教的な衝迫力が必要とされたのではないか、といっているにすぎない。わたしは、みずからのこの推察が妥当かどうかを、河上経済学を分析することによってあきらかにしてみたい。

このような分析を遂行するにあたっては、一点注意を傾けておくべき事柄がある。それは、自己批判の精神に溢れていた河上は、自著を書き進めるとき、すでに上梓し終えていたみずからの著書を批判的に乗り超えようと企図することが多かったという点である。巷間に流布した自著であっても、それが後発の著作によって凌駕されたと判断した際には、彼は、それを惜し気もなく絶版にした。河上が生涯に書いた論著はけっして少なくはない。彼はしかし、それらの論著に物された所説を後生大事に守りぬこうとはしなかった。河上において、つねに前著は、後発の論著によって、いわば弁証法的に止揚される宿命にあったといえよう。したがって、他の思想家を追う場合のように、河上の著書を一作一作年次順に読んでいくことは、河上経済学の研究としてはあまり有効ではない。河上経済学は、おそらく彼の最後の著作のなかに、すべてを集約する形で述べ尽くされていると見てよいであろう。わたしは、本章の元原稿となった小論「あるマルキストの肖像―河上肇論のための前書き―」(『哲学・思想論叢』第二七号)を執筆する時点(二〇〇八年一二月)では、まだ岩波書店から刊行された『河上肇全集』を自前のものとして手に入れていなかった。もし、河上が、一作一作をそれぞれ独立した作品として自己規定する型の思想家であったならば、このことは拙論にとって大きな欠陥となったであろう。しかし、こと河上に関するかぎり、このことはさほどの欠陥とはなりえないように思われる。拙論を元原稿として、この章を書こうとしているいま、わたしはすでに同全集を手に入れている。したがって、同全集を所有しないことによってもし拙論に瑕疵が生じていたとしても、それは本章では改善の方向へと向かっているものと思われる。

2

治安維持法違反の罪に問われ五年間にわたって獄につながれ、出獄後もマルキシズムに関する一切の著述を禁止された最晩年の河上は、ひそかに『自叙伝』を書き綴っていた。けれども、それは、同時代の政治・経済情勢を克明に伝える貴重な記録ではあっても、学術の書であるとはいえない。河上の最後の学術の書は、投獄の直前、一九三二年に刊行された『資本論入門』である。マルクスの『資本論』第一巻に対する克明な注釈書であるとともに、当時の日本の労働者が置かれた悲惨な状況を如実に描く論著でもあるこの書は、河上の学問のいわば集大成であり、そこから以前の著作群を振り返ったとき、河上は、それらをすでに自己自身によって乗り超えられたものと認識していた。その意味で、河上の代表的著作を一点だけ挙げるとすれば、当然この『資本論入門』ということになるであろう。不断の自己批判を生涯にわたって貫き通した河上にとって、『資本論入門』以前のすべての著作は、すでにその学術的役割を終えたものとして葬り去られるべきものであったのかもしれない。しかし、河上の意図とは別に、あまたの読者によって彼の代表作と見なされ、戦前・戦後はおろか現代に至ってもなお版を重ねている書がある。一九一七年刊行の『貧乏物語』である。のちに『第二貧乏物語』（一九三〇年）を書き、『貧乏物語』のそれとはまったく異なる主張をした泉下の河上は、後者がいまだに読み継がれていると聞けば、おそらく苦笑を禁じえないに違いない。『貧乏物語』は多数の版を重ねるさなかに河上自身によって絶版とされた書であり、この書が自己の代表作と目されることを、彼は肯んじないのではないかと推察される。しかしながら、『貧乏物語』は、それ以前の河上はもとより、それ以後の彼の心底にも通奏低音のように静かに流れ続ける一つの思想を伝えている。そのかぎりにおいて、河上自身がすでに乗り超えられたものとして廃棄したにもかかわらず、この書はやはり彼の代表作の一つであるといってよいように思われる。

『貧乏物語』は、資本主義が宿命的に抱えこんでいる貧困の問題を日本において最初に問題にした書であり、古典派経済学の軛にとらわれて欧米の経済学の後追いと祖述に終始していた当時の日本の経済学界に風穴をあけるものであった。貧困の問題に対して何らかの解決策をもたらさないかぎり、経済学は画餅にすぎない。経済学を単なる画餅にとどまらせることなく、それに現実への生き生きとしたまなざしをもたせること。そこに河上の狙いがあった。この狙いは、概ね功を奏した。専門の経済学者はもとよりのこと、経済学には縁の薄い一般の多くの読者を獲得することによって、この書は、日本における貧困問題がいかに重要であるかを巷間に広く知らしめるのに大きく寄与した。この書によって蒙を啓かれ、日本における貧困の問題に注意を払うようになった者、あるいはその問題に敢然と立ち向かうようになった者は数知れない。『貧乏物語』

は、三編から構成されている。上編「いかに多数の人が貧乏しているか」、中編「何ゆえに多数の人が貧乏しているか」、下編「いかにして貧乏は根治しうべきか」である。

上編では、主としてイギリスを例にとって、全人口に占める貧乏人の割合の大きさと、何をもって貧乏とすべきかという点が論じられている。それによれば、貧乏とは、労働によって生活必需品を手に入れるだけの賃金を得られないこと、なかんずく、労働に必要なカロリーを十分に補充できない状態に置かれていることを意味する。貧乏とは、富裕者（金持ち）に対する相対的貧困、もしくは生活の糧を国家の援助によって得ざるをえないことなどをも意味するが、河上は、それらの貧乏は、社会にとって喫緊の課題ではないとする。河上は、苛烈な労働にもかかわらず、生きるに必要な必需品、とくに食料を得られない貧乏こそが貧困問題の核心をなすと見なし、中編において、そうした貧乏の原因を追究する。それによれば、貧乏は、生活必需品の生産（供給）の過少に起因するという。すなわち、貧乏人は金銭をわずかしかもたないがゆえに、生活必需品を購入する手段に窮し、その結果、貧乏人が人口の多数を占める現状においては生活必需品の需要が乏しくなってしまう。需要の乏しい物資に対しては、生産（供給）が過少にしかなされないのが、資本主義の鉄則である。一方、富裕者が必要とする奢侈品・贅沢品は、富裕者の金銭の多さによって大量の需要をもつ。したがって、社会の生産は、もっぱら奢侈品・贅沢品に向けられ、そこに貧乏が発生する原因がある。ただし、河上のこの論理は、あきらかに循環論法である。多くの人々が貧乏だから生活必需品が買えない、したがって生活必需品の供給が減退するということになるのか、あるいは逆に、生活必需品の供給がそもそも過少であるから人々が貧乏になるのか、と考えてゆくと、「鶏が先か卵が先か」という不毛の論理が生じてしまう。しかし、河上は、この循環論法こそ社会の実相を反映するものであって、それはいかにしても解決されえないと見ているように思われる。河上の循環論法は意図的に選び取られたもので、論理の基礎における単純な誤謬を示すものではない。社会の実相が、矛盾律の侵犯を忌避する分析論理では割り切れないものだという認識がすでに河上にはあり、後年彼が唯物弁証法に依拠するに至った兆しは、すでにこの点にあらわれているといえよう。

河上はさらに、下編において、貧乏をいかにすれば除くことができるかという問題をめぐって思索する。その際、彼は三つの方策を提示する。①富裕者がみずから意図して奢侈贅沢を廃止すること、②社会の所得の平等な配分、③生産事業の国営化、である。②③は社会組織の改造を視野に入れた試案であり、一九〇六年の『社会主義評論』以下で（国家主義への志向を濃厚に見せながらも）社会改革にみずからもまた寄与してゆこうという姿勢を示していた河上は、おそらくこれら二つの案を強くうったえてゆくものと予想される。ところが、実際にはそうはならなかった。河上が最良の案と見なしたのは①だったのである。①は、富裕者の道徳意識・倫理観にうったえて貧困問題の解決を図ろうとするもので、経済の課題の倫理による解決をめざしている。これは、経済の動きを人間の道徳や倫理とは無関係な自律運動と見る立場からすれば、どこかしら拍子抜けのような甘さを抱えこんでいる。それにもかかわらず、河上があえて①を強調するのは、およそ以下のような理由による。

『貧乏物語』において、河上は、しばしば「人はパンなくして生くるあたわず、しかしながら人はパンのみにて生くる者にもあらず」と述べている（たとえば、岩波文庫版、一六二頁）。一見すると、これは、貧乏が解消されたとしても精神の豊かさがなければ人間は幸福になれない、と説くもののように見えるが、河上の真意はそこにはない。彼は、貧困問題の解決が、「人はパンのみにて生くる者にもあらず」という標語に示されるような、人間精神の高みにおいてなされるべきことを強調しているのである。すなわち、河上は、「社会組織の改造よりも人心の改造がいっそう根本的の仕事である」（同右、一六三頁）と語り、奢侈に耽り贅沢に溺れる富裕者の精神の根本からの改造が問題の解決を導く、とする。河上にとって②③の施策は、権力による外部からの強制を伴うものであり、そうであるかぎり、永続して実効性をもつものとはなりえない。いわば富裕者の心術の改変を企及するともいうべき河上の主張は、つまるところ、経済の問題を倫理のそれに還元するものであった。いいかえれば、河上において、貧困という、本来経済学に固有であるはずの問題は、一つの倫理観のうちに収斂しているといえよう。かくして、アダム・スミスによって倫理の問題から切り離され、爾来商行為の自律的な運動に関する学と目されてきた経済学は、河上によって再び倫理へと引き戻されることになる。『貧乏物語』下編の末尾に近い部分で、河上は力強い調子でこう述べている。「よってひそかに思う、百四十年前自己利益《セルフ・インタレスト》是認の教義をもって創設され、一たび倫理学の領域外に脱出せしわが経済学は、今やまさにかくのごとくにして自己犠牲《セルフ・サクリファイス》の精神を高調することにより、その全体をささげて再び倫理学の王土内に帰入すべき時なることを」（同右、一八八頁）と。

3

一九〇五年のこと、「千山万水楼主人」の筆名で読売新聞紙上に「社会主義評論」という大部の論説を連載し、多数の読者を獲得していた河上肇は、突如その論説を擱筆し、伊藤証信の無我苑に身を投じる。無我苑とは、「無我愛」を絶対最高の真理として高調する宗教団体であった。河上は、妻子を郷里の山口県に送り返し、東京帝国大学農科大学などの講師の職を辞して、文字通りの無一物となってそこに入苑した。河上自身の手に成る『無我愛の真理』（一九〇六年）によれば、無我苑で伊藤証信が説いた無我愛とは、およそつぎのようなものであった。「夫れ、宇宙の本性は無我の愛也。宇宙を組織せる一切の個体は、其本性に於て、無我愛の活動也。即ち一個体が、自己の運命を、全く、他の愛に任せ、而も、同時に、全力を献げて、他を愛する、之を無我愛の活動といふ」（岩波版『河上肇全集』三、九三頁）。伊藤証信は、浄土真宗の僧侶であった。しかし、彼のいう無我愛は、仏教にもキリスト教にも儒教にも直接つながることのない、独自の理念のように見うけられる。自己の運命を「他の愛に任せ」るという考え方は、弥陀に全身・全霊を委ねようとする親鸞の絶対他力の信心を髣髴とさせるけれども、己れを無にしてすべてを他者のために捧げようという発想は、個別の宗教・宗派を超えた普遍の「愛の思想」を示すものだからである。河上は、こうした愛の思想に強く惹かれたのだった。

後年、『自叙伝』において、唯物論と宗教との合一可能性を、両者がともに人間の脳髄の所産である点に求めた河上ではあるが、『無我愛の真理』を上梓した時点では、彼はいまだ唯物論の洗礼を受けてはいない。河上は、「自己の運命を、全く、他の愛に任せ」、いわば己れを完全に捨棄しながら「無」に徹することのうちに絶対の愛を見いだし、その実践を己れの使命として選び取ったのだった。このような選択が、宗教を志向する心の在りように密着するものであることは論をまたない。河上は、その六十七年にわたる生涯の初期の段階で、宗教に全霊を捧げようという姿勢を示していたといえよう。しかし、己れを無にするということは、口でいうほどたやすいことではない。無を求める意思が主体の側に存するかぎり、無は無それ自体への執着として有となってしまうからである。河上はこの困難を乗りきることができたのであろうか。すくなくとも、無我苑時代の河上の論稿に接するかぎりでは、彼はこの困難を克服したとはいえないように思われる。というのも、終始「無我愛」を声高に主張し続ける河上の情熱は、そのあまりの強度のゆえに、逆に「無我」に対する「我」の固執を示唆しているからである。河上は、無我愛を高調するあまり、無我苑の同朋・同行たちのあいだで浮きあがった存在となってしまう。睡眠すら削って他者への愛を希求し続けなければならないとする彼は、同朋・同行たちが通常の人間と変わらぬ生活態度を垣間見せることが許せなかった。『自叙伝』によれば、河上は、同朋・同行たちが浄土真宗にいう「おまかせ」の境地に生きているにすぎないことに失望し、わずか数ヵ月で無我苑を去ったという。河上の宗教に対する態度は、他者との妥協をまったくなしえないほどに徹底したものであり、その徹底した在り方が無我苑という宗教団体のなかでの彼の孤立を招いたのだった。

ただし、後年投獄された彼を伊藤証信が見舞っていることからも窺われるように、河上にとって、無我苑を去ることは伊藤の説く無我愛を否定することを意味していたわけではない。無我愛の精神、すなわち可能なかぎり己れを無にして他者のために全霊を捧げようという精神は、その後の河上の内面に定着し続けたのではなかったか。貧者への同情を禁じえず、『貧乏物語』において貧困の問題を社会問題として取り上げた河上は、この書を書いた時点でマルキシズムへの最初の一歩を踏み出していたと考えても、あながち失当ではないと思われる。もとより、貧困の問題を生産関係の在り方を剔抉することによって解きあかそうという視座をもたない『貧乏物語』

を、マルキシズムの書と見ることには無理がある。マルサスの人口論を批判的に引用している『貧乏物語』の河上を「マルサス主義者」と規定する大内兵衛の認識（岩波文庫版『貧乏物語』解題）には、つとに杉原四郎（杉原四郎著作集『学問と人間―河上肇研究』藤原書店、二〇〇六年）が指摘するように、大きな誤解が認められる。けれども、『貧乏物語』の河上がマルサス主義者でないことはあきらかだとしても、それは、そのままただちに彼がマルクス主義者であったことを意味するわけではない。『貧乏物語』は、古典派経済学に疑問を投げかけながらも、ついにその枠を脱しきることのできなかった書というべきなのかもしれない。貧困という社会問題に直面した河上は、ほどなく、その抜本的な解決が生産関係の態様そのものを問うことなくしては不可能であることに気づいた。その気づきが彼をマルキシズムへと向かわせたことは、おそらく何びとも否定できないであろう。そして、そうした河上の歩みは、一貫して無我愛を求める宗教上の信念のもとになされた。「無我愛」という語は、無我苑脱会後の河上の言説には、ほとんどその姿を現わさない。しかし、その語にこめられた宗教上の信念は、河上の内面でひそやかに生き続け、それが彼をマルキシズムへと差し向ける一つの動因となったのではなかったか。

宗教上の信念は、倫理とのあいだに密接なつながりを有する。宗教上の真理は、倫理上の真理から乖離する（あるいはそれを乗り超える）一面をもち、したがって、宗教と倫理とを等号で結ぶことは短絡との謗りを免れないであろう。たとえば、親鸞の信じる弥陀の本願力は、人間の善悪の問題を超えている。旧約聖書の「ヨブ記」は、神が日常の倫理・道徳の次元を超出していることを明示する。だが、日常の倫理・道徳のすべてを根底から否定してしまう宗教はありえない。あまりにも煩瑣にわたり、それゆえ人間の生に不如意をもたらすような徳目は、宗教の名のもとに排拒されるであろうが、たとえば殺人を否定する道徳は、神の愛や仏の慈悲などの宗教上の信念によって裏づけられるに違いない。田辺元は『哲学入門』（筑摩書房版『田辺元全集』第十一巻）において、倫理は宗教に対して往相面をなし、宗教は倫理に対して還相面を構成すると主張する。厳密には、往相とは、わたしたちが超越的世界（浄土）へと向かうことを意味し、還相とは超越的世界からの現世（穢土）への還帰を意味する。田辺は往相と還相とを、それぞれ、往って、還る働きととらえている。田辺によれば、宗教と倫理とは密接に連絡し合い、宗教を根底に置いて倫理が成り立つ、あるいは、倫理を媒介として宗教が確然として存立することになる。こうした考え方はおそらくは正しい。倫理なき宗教はもとより、宗教を伴わない倫理も画餅にすぎない。とするならば、「無我愛」という宗教上の信念は、河上を、経済の問題を倫理によって解決する方向へと歩ませる動因になったものと考えられる。アダム・スミスによっていったん切り離され経済と倫理とを再合一させようと企図する『貧乏物語』の根底には、宗教上の信念が通奏低音として横たわっているのではないか。

多少なりともマルキシズムに触れたことのある人々は、本書の以上のような論説を、児戯に類する謬見として斥けるかもしれない。マルクス自身のそれであれ、あるいはエンゲルスやレーニンのそれであれ、一般にマルキシズムと称せられる思想は、みずからを「科学」と規定し、資本主義社会に顕在化する諸々の矛盾の解決を、科学によってもたらされる必然の帰結と解するのを常識とするからである。マルクスは資本の増殖とそれに伴う労働者に対する搾取を、資本家の悪意という倫理的な問題としてとらえたのではなかった。資本は、資本であるかぎりにおいて、どこまでも増殖をめざし、そのために労働者を搾取せざるをえない。マルクスはそう語ったにすぎない。ある思想家が、マルキシズムを受容し、さらにはそれを宣揚してゆく過程を、宗教や倫理によって裏づけられた思考の経路ととらえることは、マルキシズムの解釈としては邪道である。読者たちの多くは、おそらくそのように考えるであろう。事実、河上肇は、一九三〇年に上梓された『第二貧乏物語』においてつぎのように述べている。「マルクスが、資本主義社会における剰余労働の搾取—資本家階級による賃労働者階級の搾取—を、道徳論的に『不当』となし、かゝる道徳論の上にその『共産主義的要求』を根拠づけてゐないことは、小泉教授の言はれてゐる通りである。意見が世界を支配するとの観念的見解を徹底的に排斥したマルクスが、かゝる無力な道徳論の説教の上にその共産主義を根拠づけてゐないことは、当然である」（岩波版『河上肇全集』十八、一九二頁）と。マルキシズムに到達した晩年の河上にとって、経済の問題を道徳・倫理、ひいては宗教の問題と結びつけてとらえようという試みは、まったく無意味であったことを、この発言は明瞭に示しているように見える。たしかに、マルクスは「共産主義的要求」を道徳論の上に基礎づけてなどいない。剰余価値の産出とそれに伴う労働者搾取とは、マルクスによれば、資本の自然の流れにすぎず、その流れを断ち切るものは、いわば科学的な必然性以外の何ものでもない。マルクスが説くところは、道徳・倫理、ひいては宗教の問題とは無関係だったというべきなのかもしれない。しかし、マルクスに「共産主義的要求」があったことは厳然たる事実である。資本家階級の滅びを示唆する警鐘が打ち鳴らされるという『資本論』第一巻の末尾の記述は、彼において共産主義的要求がいかに強固なものであったかを如実に示している。共産主義的要求とは、資本主義の現実が社会主義によって乗り超えられた果てに、さらに国家なき理想郷を思い描くものではないだろうか。だとするならば、そのような理想郷の実現が、道徳・倫理、宗教とは無縁の位相に成り立つと考えることは妥当なのだろうか。晩年の河上は、『貧乏物語』の論調を大きく転換させて、経済と道徳・倫理との合一という主張を、その言説の表層においてはっきりと自己批判し撤回している。だが、治安維持法を犯し、投獄を覚悟してまで彼が共産主義的要求を貫こうとしたとき、そこに年来の無我愛への情熱が顔を覗かせていたと見ることは、あながち不当ではないように思われる。

4

資本主義社会の行詰りについてマルクスが『資本論』の中で展開してゐる議論、それは理論上疑ふの余地なきものと考へられるにも拘らず、さて失業軍の必然的な増大、大衆の不可避的な困窮化、等々の諸現象が、マルクスの推断してゐるやうに、果して実際上起るものであるかどうかと云ふ問題になると、僕はひそかに多少の疑を存せざるをえなかつたのだが、今日では否応なしにそれらの諸現象が吾々の眼前に横たはることになつて来た。それと同じことで、共産主義社会の最高の発展段階に対するマルクスの見透しについても、吾々人間が果してそんな社会状態を実現しうるに至るであらうかと、僕は多少の疑を残さざるをえなかつたのだが、今日ではもはやそれについても僕は何等の疑点をももつてゐない。何百年先のことか分からないが、社会がその旗印の上に「能力に応じて労働し、必要に応じて消費する」といふ原則を掲げる時代が、必ず到来するぞといふ確信を、僕は今何人の前においても公言しうる。

右は、河上肇『第二貧乏物語　附録一』の一節である（岩波版『河上肇全集』十八、三〇二〜

三〇三頁)。『第二貧乏物語』は、『貧乏物語』で見落とされていた点、すなわち、資本主義の生産関係が生産力の発展に伴って齟齬をきたし、それが搾取、失業などを招いて貧困をもたらすという認識をマルキシズムの立場から表明するもので、その結論は、共産主義社会の実現によってのみ真に貧乏は解消されうるというものである。河上にとって、その実現をつよく希求される共産主義社会とは、「能力に応じて労働し、必要に応じて消費する」ことを可能とする社会にほかならない。河上は、そのような社会は、「何百年先のことか分からない」けれども、必ず到来するという確信を披瀝している。「能力に応じて労働し、必要に応じて消費する」という『ゴータ綱領批判』に由来するこの言説は、人々が己れの能力を尽くして働くにもかかわらず、富の分配はそうした能力に応じてではなく、人々の必要に基づいてなされるということを意味している。つまり、河上がその実現を夢見る共産主義社会とは、より多く働いた者がより少なくしか働かない者よりも多くの富の分配を享受することを否定する社会、すなわち労働力の多寡にかかわらず、富が各人の必要に応じて平等に分配される社会にほかならない。河上の典拠となったマルクスが、こうした社会の到来を予測していたことはたしかである。しかし、こうした社会は、科学的な必然性によって、労働者個々の意思とは無縁な地点で成り立ちうるものなのであろうか。

マルクス、ないしはマルクス主義者たちによれば、資本主義下の労働は、労働日(時間)が労働に見合う代価をはるかに上回って設定されるがゆえに、必然的に剰余価値を生む。必要労働に加上される剰余価値は、資本の再生産や資本家の私用に供され、労働者へと還元されることはありえない。そこに資本家階級による労働者階級への搾取が起こることになり、そうした搾取が強化されるにつれて、社会内の貧富の差が拡大される。貧富の差があまりにも広がりすぎると、消費者でもある労働者階級の需要能力がいちじるしく減退し、資本主義国家内部の購買力は次第に過少になってゆく。そして、資本によって生産される物品は過多となり、ありあまることになる。市場には「神の見えざる手」などは働きはしない。市場は人間の欲望が互いに角逐する場にほかならないからだ。生産される物品が過多となれば、資本は国外へと投資されざるをえなくなり、そこに資本主義諸国間の海外市場をめぐる争闘が生じ、それは頻繁に国家間の武力衝突を呼び起こす。資本主義国家間のそうした争闘は総力戦の様相を呈し、経済面で搾取される労働者階級が兵士として徴用され、さらなる搾取の対象となる。このような現象は、労働者階級が資本の根本構造を鋭利に洞察して、その根底からの改変を企及することによってしか解消されえない。したがって、資本主義社会は、労働者階級の資本家階級に対する武力を用いた反抗によって突き崩され、その崩壊の跡に生産手段の公有と剰余価値の平等な分配を志向する社会主義社会が実現されることになる。以上のような社会変革の過程を、必然の流れととらえ科学的立場から認識することは、けっして無意味なわざではないのかもしれない。しかし、マルクスないしはマルクス主義者たちによれば、そのような必然の流れのなかで生起する社会主義社会は、共産主義社会へと移行しなければならない。その移行の最終的な結果が「能力に応じて労働し、必要に応じて消費する」という事態の現前である。それを現前させるものは、はたして科学的にとらえることのできる必然の流れなのだろうか。最後の学術書『資本論入門』に至っても、河上はこの点について明言していない。彼が、「能力に応じて労働し、必要に応じて消費する」という事態が実現されるに至る経緯を具体的にどのようにとらえていたのかは、厳密にいえば謎であるとしかいいようがない。しかし、若き日に無我愛に目覚め、『貧乏物語』の時点で、古典派経済学のなかで相互に切り離されていた経済と倫理とを再合一させようと企てた河上には、それを実現させるための方途として、倫理ないしは宗教を措定する思考がありえたのではなかったか。

そもそも、「能力に応じて労働し、必要に応じて消費する」という事態を一般の人間が認めうるのは、彼らの精神が倫理や宗教によって濾過されている場合にかぎられるように思われる。倫理や宗教とは無縁の、純粋に経済的な次元でのみ人間の思考が働くとすれば、人々は、当然ながら、より多くかつより有効に働いた者が他の者よりもいっそう多くの分配を享受する権利があると主張するであろう。それは、とりもなおさず、より少なくかつより非効率的にしか働けない者に対するより多くかつより効率的に働くことのできる者の経済的優位を高調することを意味している。こうした主張の根底には、他者よりも自己をよりいっそう満ち足りた状態に置きたいという、人間の本能的な欲望が存する。かりに「能力に応じて労働する」ことが万人の是認するところとなったとしても、「必要に応じて消費する」ことを認めた場合には、より少なくしか働かない者がより多く働いた者よりもいっそう多くの富を消費するという事態が、そうした本能的な欲望に基づいて生起しうる。自分は能力のかぎりを尽くして他者たちよりも多くの効率的な労働をした、しかし、自分が生活上必要とする物品は僅少であるから、自分よりも生産力（労働力）に劣る人間がより多くの分配に与かったとしても、それに対して自分は何の疑念も不満も懐かない。純粋に経済的な視点からそのように語り、自己犠牲的な精神を貫くことができる者が、はたしてこの世界のなかに存在しうるであろうか。経済の根底をなすものが人間の欲望であることは、おそらく何びとも否定しえないであろう。欲望が心底に存するかぎり、人間は、生産物の分配に関する徹底した平等、すなわち必要であるか否かということのみを基準として分配が行われることを肯んじえないのではないか。

分配の徹底した平等を人間が受け容れることができるのは、彼が倫理ないしは宗教の次元において精神的に陶冶されている場合にかぎられるのではないだろうか。すなわち、己れを無にし、他者のために己れのすべてを捧げるというような、透徹した自己否定と自己犠牲の精神に貫かれた人格のみが、分配の徹底的な平等を受容しうるように見うけられる。河上が若き日に傾倒した無我愛の教えは、そのような人格の登場をまってはじめて実現可能となるものであったはずである。ならば、「能力に応じて労働し、必要に応じて消費する」ことが可能になる社会とは、経済上の必然によって下支えされながら、無我愛の実践を企及する人格が大多数を占めるという形の社会にほかならないのではないか。河上は、最晩年に至ってもなお宗教とマルクス主義的唯物論との統合をめざそうとする（『自叙伝』）。下部構造が常時上部構造を規定し、社会的存在が意識を決定するという唯物論から距離を置かないかぎり、つまるところ脳髄の機能的問題としてしか解決しようのないはずのこの難題に彼が挑み続けた事実は、唯物論に根ざすマルキシズムを高調するさなかにも、彼の倫理・宗教に対する関心がけっして消え去っていなかったことを明示している。「能力に応じて労働し、必要に応じて消費する」ことが可能な共産主義社会の実現。それをめざすとき、マルクスが倫理や宗教の意義を確認する立場に立っていたとはいえない。しかし、治安維持法に抵触し投獄の憂き目に遭ってまでもなお共産主義社会の実現を希求し続けた河上の心底に、倫理・宗教の次元における心術の改良へのあくなき意欲が存していたと見ることは、けっして誤りではないと考えられる。すなわち河上は、無我愛の精神の社会的位相での実践が共産主義社会の実現を可能にするという発想を、生涯にわたってもち続けたのではなかったか。あるいは、それは河上自身によって明瞭に自覚されていなかったかもしれない。しかし、たとえ無意識のうちにではあれ、河上が経済の問題の根底に倫理や宗教をめぐる思索を置いていたことは否定できないと思われる。

5

どこに書かれていたのか、その出典は失念してしまったが、高橋和巳の作品のなかにつぎのようなことばがあった。「革命を志す者はどこまでも倫理的でなければならない」。この場合、「倫理的」であるということは、己れを厳しく律することを意味するのであろう。革命とは天命が革まることを意味するのではなく、現実の社会全体を根底から革新することであり、在るべき社会、すなわち当為としての理想の社会を実現することにほかならない。理想をめがけて行為する者は、みずからをその理想に恥じざる者、いいかえれば、道義・倫理においてまったき者として定立しなければならない。高橋の作品の登場人物が、革命家が「倫理的」に在るべきことを強調する所以である。しかも、己れを厳しく律することが可能になるのは、宗教が自己の行為の規範を背後から支える場合である。宗教への接近をとおして無私という在り方を体得した魂が、自己への執着を去って、他者たちのために全霊を捧げてゆくことこそが己れを厳しく律するということの実相である。したがって、革命家が「倫理的」でなければならないということは、彼が「宗教的」でなければならないということを暗示するといっても過言ではない。

マルキシズムを信奉し、共産主義革命を企及する人々は、宗教とは、現実の社会関係のなかに人間を封じこめるためのまやかしの装置であり、革命への志向性を無みする阿片にすぎない、というかもしれない。彼らは、革命は歴史の必然であり、それは宗教や倫理によって起動されるようなものではありえないと主張するであろう。しかし、共産主義社会が「能力に応じて労働し、必要に応じて消費する」ことを可能にするような理想郷であるとするならば、そのような理想郷を全霊を賭して実現させようという強い意思が、おのずからに倫理的なものとなることは、おそらく論をまたない。そして、その場合、倫理は、現実のなかでばらばらになってしまっている人々を再び理想郷に呼び集めたいという思いに貫かれているに違いない。ひとたび中心から離れてしまい、散在した魂を再度一点に凝縮しようとすること、それはまさに「宗教」（religion）にほかならない。その意味でマルキシズムは、みずからを共産主義社会の実現を企及する政治的実践の思想となすとき、資本主義社会の成り立ちと現態様、そしてその崩壊過程についての理論上の分析であることを超えて、科学の枠にはとどまりえない一つの理念態、すなわち宗教に、かぎりなく接近しているといえよう。マルキシズムが宗教そのものであるとはいえない。しかし、マルキシズムの現実化の過程で、人間精神のなかの宗教的要素が大きな役割を占めることは否定できないように思われる。残念ながら、文献をとおして知りうる範囲では確証をつかむことはできない。しかし、京都帝国大学教授という地位をなげうって、共産主義社会の実現を目標とするマルキシズムの運動に全霊を賭した河上の内面には、己れの実践を倫理によって峻厳に律してゆこうという思いが定位されていたように思えてならない。しかも、そのような実践の倫理の根底には、他者のために己れのすべてを捧げて顧みない無我愛が存していたのではないか。革命家は倫理的でなければならないという言説を、物語上においてではなく、実地に踏み行った思想家、それが河上肇であったように思われる。

今日、わたしたちは未曾有の経済危機に見舞われている。米国のサブプライムローン問題やリーマン・ショックなどに端を発する経済危機は、西欧諸国やわが国のような先進資本主義国のみならず、アジア・アフリカ地域の発展途上国をも直撃し、いまや世界同時不況という事態を迎えようとしている。このような危機に直面して生活上の不如意を抱えこみつつあるわたしたちは、これまでわたしたちが営々と築き上げてきた制度そのものの意義を吟味すべきときを迎えたのではないだろうか。何千人にも及ぶ期間工（非正規社員）を無慈悲に切り捨てて利潤の維持を図ろうとする大企業。一説によれば二百五十兆円にも達するといわれる内部留保のほんの一部を切り崩せば、雇い止めを抑制することができるというのに、大企業と、大企業が後押しをする政府は、何の具体的な方策も採ろうとはしない。政府は、倒産の危機に直面した銀行に莫大な公共の資金（国民の血税）を注ぎこみながら、一方では増税を模索するのみで、国民の生活をすこしも豊かにできないでいる。デフレスパイラルを脱しきれないなかでの増税は、給与水準がいちじるしく低下した多くの国民を塗炭の苦しみに陥れるであろう。経済と政治の行詰りはもはや限界にまで達した感がある。否、昨年の大震災による東日本の大きな被害や原発事故に伴う放射能の拡散問題などを考慮するならば、わたしたちは行詰りがついに限界点を超えたことを実感せざるをえないのではないか。とするならば、行詰りの原因がその根本から問われなければならない。すなわち、米国や西欧諸国、あるいはわが国など、世界の大半の国々が後生大事に抱えこんでいる資本主義という制度の成否こそが、今後わたしたちが真剣に問うてゆくべきもっとも重要な問題なのではないか。二十年前のソビエト連邦の崩壊、中国の資本主義経済への参入とその成功などの事例は、社会主義経済が資本主義経済の前に無残な敗北を喫したことを明瞭に示している。このことを重視する人々はいうかもしれない。いまさら社会主義を前提として資本主義を見なおすことなどまったくナンセンスである、と。たしかに、現実の社会主義が、いわば金属疲労を起こして自壊していったことは厳然たる事実である。「資本主義の制度にかえて社会主義の制度を」といったたぐいの提言は、時代錯誤の妄説の域を超えないというべきなのかもしれない。しかし、わたしたちは見逃してはならない。歴史の現実のなかで起こった社会主義体制の瓦解は、その体制そのものの矛盾に起因するというよりも、むしろみずからを共産主義に向けて鍛えあげることを怠ったことによるものにほかならないという点を。現実の社会主義国家においては、独裁体制を敷く政党の幹部に権力と富が集中し、「能力に応じて労働し、必要に応じて消費する」という理想がついに実現されることがなかった。生産手段は公有化されてはいたものの、生産能力の高い者が、己れを犠牲にして生産能力の低い人々の消費を保障するという、宗教的な態度が実を結ぶことはなかった。現実の社会主義国家群は、マルキシズムと宗教性との融合に失敗し、それゆえに資本主義経済に打ち倒されたと見るべきなのではないか。

河上肇。この、生涯にわたってマルキシズムと宗教との融合を希求し続けた思想家が死去してからすでに半世紀以上もの歳月が過ぎ去った。独裁者として専横をきわめたスターリンのソビエト連邦に理想郷を見いだした河上の論理（『第二貧乏物語』『資本論入門』など参照）には、履き古された破れ草履のような一面があり、これを単純に現代に復活させてみたところで、さしたる意味はないであろう。しかし、倫理・宗教に支えられつつ、帝国主義国家の抜本的な改革をめざした、この老マルキストの肖像は、はるかなる時を超えて、いまなおわたしたちが歩むべき途を指し示しているのではないか。すくなくとも、河上の著述が経済学の古典としてのみ読まれる時代は終わった。それらは、経済学の枠を超えて、思想や文化の問題にも目を向けようとする人々によって、いまこそ再読されるべき著述というべきであろう。河上におけるマルキシズムと宗教性との緊密な結びつきは、宗教が現実の思想や文化に対して果たす役割の大きさを如実に示している。わたしは、本書において、現実の思想や文化のただなかを生きる一個の鬱病者として、そうした思想や文化に対する自己の思いを述べようとしている。したがって、わたしにとっても、宗教が重い意義を担って在ることはとうてい否定しがたい。わたしは、宗教をめぐって、あるいは宗教のなかで、何を考えているのか。本書は、いよいよわたし自身の宗教観を集約的に述べるべき段階に達したように思われる。

第六章　死後の世界

1

序章でも詳しく述べたように、わたしは、いまから二十数年前に鬱病に取り憑かれた。重い鬱情態から逃れたのは比較的早い時期のことだったが、爾来鬱々とした気分はほぼ常態化している。鬱病に加えて心臓の疾患もあきらかになった。そう長くは生きられないという思いが鬱を増幅させるのが、目下のわたしの日常である。重度の鬱を逃れ、まがりなりにも大学教員として日常生活を送れるようになりえたことについては、二つの理由がある。一つはかかりつけの精神科の医師から、鬱を客観化しながらそれとつき合ってゆく生き方を勧められたこと。そして、もう一つは、おそらくは誰に話してもほとんど理解してもらえない宗教的な理由である。宗教に頼らなければ宿痾を免れえない人間を、往々にして人は弱い人間と規定する。ことわたしに関するかぎり、この規定は妥当なものと思える。一切の宗教に依存することなく、神も仏も信じずに淡々と己れの死を凝視することのできる人間が強い人間であることを、わたしはけっして否定しようとは思わない。しかし、人間は皆強くなければならない、という考え方をわたしは認めることができない。たとえ、弱い人間が虫けらのごときものであるとしても、そうした虫けらにも五分の魂というものがある。わたしは自身が虫けらと罵られても、それに対しては何ら憤怒を覚えはしないであろう。だが、虫けらにも魂があるかぎり、生きる権利はある。虫けらの生が宗教に支えられていることを強い人間たちからいかに嘲られようとも、わたしは己れを救ってくれた宗教を否定することはできない。

それは、重い鬱病に見舞われてから数ヵ月後の、春先のことだった。雪解けの南奥羽の街では、スパイクタイヤが道路をこすることによって粉塵が生じる。わたしは、心の底を突き破るようなむごたらしい憂鬱を懐きながら、その濛々たる粉塵の街をひとりさまよっていた。とある街角に一軒のみすぼらしい仏具店があった。仏壇や仏像などが所狭しと並んでいるその店の前で、わたしは何気なく立ち止まった。ガラスケース越しに一体の阿弥陀如来像が見えた。金メッキを施されたその像は、首から金弐万円の値札を下げたどこにでもある平凡な仏像だった。わたしは明確な意図ももたずに、ただ漫然とその阿弥陀如来像を眺めていた。すると不思議なことが起こった。どこからともなく「だいじょうぶだ」という声が聞こえてきたのである。それは、おそらく、わたしひとりが耳にした幻聴であったろう。しかし、その幻聴を聞いた刹那、わたしの周囲に大きな変化が起こった。それまで暗い闇に閉ざされていた世界が、一挙に変転し、空色の明るくやさしい世界へと変貌したのである。わたしは思わず「南無阿弥陀仏」ととなえていた。すると、それをとなえた瞬間、このままでいいのだ、という思いがわたしをとらえた。何も思い煩うことはない、憂鬱な己れを抱えこみながら、このままの姿で生きてゆけばよいのだ、という想念が湧きあがり、それまでの苦悩の核をなす部分がスーと跡形もなく消えてゆくのを感じた。わたしは、その場で金弐万円の阿弥陀如来像を買い求め、爾来毎朝毎晩その像に向かって「南無阿弥陀仏」をとなえるようになった。わたしは浄土教の門徒になったのだ。

鬱の苦しみの極限ともいうべき情況のなかで思わず口をついて出た祈りのことばが「南無阿弥陀仏」であったことには、おそらく理由がある。本格的な鬱情態に陥る前、わたしは腸の病を患って一月ほど入院した。療養中の無聊を慰めるために、そのときわたしは、親鸞晩年の高弟唯円の書『歎異抄』をいくたびも熟読した。そのことが「南無阿弥陀仏」ととなえる理由の一つとなったものと思われるが、それ以外にも別の大きな理由があった。それは妻の存在である。妻は浄土真宗の寺院の出身だった両親のあいだに生まれた。妻の両親は在家の人々であったが、浄土真宗の精神は脈々と妻にまで承け継がれていた。妻はつね日ごろ（たとえば食事の前に）「南無阿弥陀仏」ととなえていた。わたしは、健康なころは、そうした妻の姿を意に介さず、むしろ奇妙なものを見るように眺めていた。ところが、いざ自分が心の限界にまで追い詰められてみると、妻の信仰心がわたしに乗り移ったのだった。春先のその体験以来、わたしは様々な事柄を考えさせられた。『歎異抄』にいう「如来より賜はりたる信心」（第六条）とは、けっして単なる文飾にとどまるものではないのではないかということ、この世で生を終えればお浄土に往けるというがそれは事実なのかどうかということ、等々である。わたしは、みずから意図せずに「南無阿弥陀仏」ととなえることによって、かろうじて救われた。これは、わたしが己れを超えた大きな力、いわば超越的な何かによって信の世界へといざなわれたことを意味するのではないか。そう考えると、「如来より賜はりたる信心」という言説はまさに真を穿つもののように思えた。また、己れを超えた超越的なものの存在を信じた以上は、死後にお浄土に往くという発想もあながち荒唐無稽なものではないように思えた。

信は、自分の力でもつものではない。超越的な力によって信じる方向へと導かれて、いわば他力によってもつものなのだという浄土教に特有な考え方に対して、もはやわたしには何の疑いもなかった。時に自死さえも希求するような鬱のさなかに、わたしは、自分で自分自身を救えないという自力の無力を知り尽くしてしまったのだから。だが、死後お浄土に往くという考え方には全面的に信憑を置きかねるものがあった。魂の存在を主張する考えを外道として斥ける仏教が、魂がお浄土に往くと考えるのは異常なことと思えたし、また、もし肉体を備えたままでわたしたちがお浄土に往くと考えるのならば、それは常識の範囲を逸脱しているように思えたからである。ただし、わたしは、お浄土の存在を否定したわけではない。むしろ、その存在は、わたしにとってありありとした現実であった。けれども、死後にお浄土が在るという考え方にはどうしてもなじめなかった。妻は、自分が死んだらお浄土に往くのだと信じていた。否、いまだにそう信じている。妻はさらに、自分は阿弥陀様に導かれているのだから、死後のお浄土では阿弥陀様の懐に抱かれると主張する。心身ともに不如意なわたしのような者を二十五年以上にもわたって支えてきた現世での功績は、かならずお浄土で報われるというのである。たしかに、心に病を抱え、身体も病んだわたしのような者と添い遂げなければならない以上、せめて来世においてその功が報いられなければ、あまりに不幸すぎるというものであろう。妻が来世での報いを信じることに対して、それを批判する権利がわたしごとき者にあろうはずもない。そのことは重々承知しているつもりである。しかし、それにもかかわらず、わたしには疑問が残る。

浄土教の根本経典である浄土三部経は、いずれも極楽浄土の存在を説いている。浄土三部経を信奉することが浄土教門徒の生き方の核をなすとすれば、遅ればせながらも浄土教の門に連なったわたしも、当然極楽浄土の存在を信じなければならない。右に述べたように、わたしもまた他の門徒たちと同様に、極楽浄土の存在を信ずることをためらっているわけではない。しかし、わたしは、それが来世に在るとはにわかには信じられないのだ。とはいえ、それが現世に在ると断言することもむずかしい。門徒の心のなかに在るという近代的な解釈に同意する余地はあるように思えるのだが、では心とは何かがよく分からない。お浄土とはいったいどこに存在するのか。浄土門に帰依して以来、この問題を解決することがわたしの大きな課題となった。これを考えることは、死後の世界について思索をめぐらすことを意味していよう。たとえ肉体の死後には別の世界はないとしても、生きているうちにすでに死人となった人間（無難禅師の「生きながら死人となりてなりはてて思ひのままにするわざぞよき」という歌に認められるように、仏教には生きながら死人になるという境地がある）には、やはり死後の世界（生の世界と並存する別の世界）があるはずである。そう考えると、お浄土について思索をめぐらすことは死後の世界を論ずること以外の何ものをも意味していないといえよう。死後の世界は在るのか否か、在るとすればどこにどのように存在しているのか。本章では親鸞の思想を手がかりにこの問題について考えることをとおして、わたし自身の宗教観をあらわにしてみたい。

2

以下に掲げるのは『歎異抄』第四条の全文である（以下、『歎異抄』からの引用は、新潮日本古典集成『歎異抄　三帖和讃』に拠る）。

一、「慈悲に、聖道《しやうだう》・浄土のかはりめあり。聖道の慈悲といふは、ものを憐れみ、悲しみ、育《はぐく》むなり。しかれども、思ふがごとくたすけ遂ぐること、きはめてありがたし。浄土の慈悲といふは、念仏して、いそぎ仏になりて、大慈大悲心をもつて、思ふがごとく、衆生を利益《りやく》するをいふべきなり。今生に、いかに、いとほし、不便《ふびん》と思ふとも、存知のごとくたすけがたければ、この慈悲、始終なし。しかれば、念仏申すのみぞ、末とほりたる大慈悲心にて候ふべき」と云々。

『歎異抄』は、親鸞の言説を忠実に祖述する第一条から第十条までの部分と、親鸞の思想に基づいて唯円が異義・異説を批判する第十一条から第十八条までの部分とに大別される。当面の第四条は前者に属する。したがって、この条は親鸞の思想の忠実な祖述と認められる。ここにおいて、親鸞は、まず、慈悲に自力聖道門と他力浄土門の「かはりめ」があると述べている。「かはりめ」については、次第に移りゆく変化の過程を指すと見る向きもあるが、ここは「違い」の意と解するのが正しいと思われる。以下の条文で、「聖道の慈悲」と「浄土の慈悲」とが対比的に区別されているからである。親鸞は、自力聖道門の慈悲と他力浄土門の慈悲とを区別したのちに、自力聖道門、すなわち浄土門以外の自力によって覚りを得ようとする仏教諸宗派にいう慈悲とは、その自力の限界性ゆえに貫徹されえないものだ、と主張する。そのうえで親鸞は、他力浄土門、すなわち浄土教（念仏の教え）の慈悲こそが徹底したものであると述べる。浄土教の慈悲が徹底したものでありうるのは、それが、念仏をしてただちに仏となり、弥陀の大慈悲心に浴して生きとし生けるものすべてに利益をもたらすものだからである、という。念仏して仏になるということは、わたしたちが弥陀の導きによって浄土へと達し、そこで仏になることにほかならない。すなわち、往相廻向《おうそうえこう》である。一方、弥陀の大慈悲心に浴して衆生を利益するということは、いったん浄土に到達したわたしたちが、再び現世へと戻ってきていまだに救われていない人々を教え導くことを意味する。すなわち、還相廻向《げんそうえこう》である。したがって、この第四条においては、往相還相二種廻向という考え方が説かれていることになる。

往相還相二種廻向は、浄土教の確立者曇鸞以来の伝統思想であり、親鸞の創始にかかるものではない。親鸞は伝統思想に即して思惟しているにすぎないように見える。しかし、弥陀の導きによっていったん浄土に往生した者が、弥陀の大慈悲心を全身に帯びて再び現世に戻ってくるという発想には合理性を逸脱する側面がある。もし浄土が臨終ののちに開かれる世界であるとすれば、往相還相二種廻向とは、いったん死んだはずの者が生き返って現世に姿を現わすことを意味することになるからである。『歎異抄』の親鸞思想の祖述部分（第一条～第十条）を読むかぎりでは、親鸞はそうした不合理性を問題にしていなかったように見える。というのも、同書第九条はつぎのように述べているからである。

一、「念仏申し候へども、踊躍《ゆやく》・歓喜《くわんぎ》のこころおろそかに候ふこと、また、いそぎ浄土へ参りたきこころのさふらはぬは、いかにとさふらふべきことにて候ふやらん」と申し入れて候ひしかば、「親鸞もこの不審ありつるに、唯円房《ゆいゑんばう》、同じこころにてありけり。

よくよく案じみれば、天に踊り、地に躍《をど》るほどに喜ぶべきことを喜ばぬにて、いよいよ、往生は一定《いちぢやう》とおもひ給ふべきなり。喜ぶべきこころを抑へて喜ばせざるは、煩悩《ぼんなう》の所為《しよゐ》なり。しかるに、仏、かねて知ろしめして、煩悩具足の凡夫《ぼんぷ》と仰せられたることなれば、他力の悲願は、かくのごとし、われらがためなりけりと知られて、いよいよたのもしくおぼゆるなり。

また、浄土へいそぎ参りたきこころのなくて、いささか所労のこともあれば、死なんずるやらんと、こころぼそく覚ゆることも、煩悩の所為なり。久遠劫《くをんごふ》より今まで流転《るてん》せる苦悩の旧里《きうり》は捨てがたく、いまだ生れざる安養《あんにやう》浄土は恋しからず候ふこと、まことに、よくよく煩悩の興盛《ごうじやう》に候ふにこそ。なごり惜しく思へども、娑婆《しやば》の縁つきて、力なくして終わる時に、かの土《ど》へは参るべきなり。いそぎ参りたきこころなき者を、ことに憐れみ給ふなり。これにつけてこそ、いよいよ、大悲・大願はたのもしく、往生は決定《けつぢやう》と存じ候へ。

踊躍《ゆやく》・歓喜《くわんぎ》のこころもあり、いそぎ浄土へ参りたく候はんには、煩悩のなきやらんと、あやしく候ひなまし」と云々。

これによれば、あるとき唯円が親鸞に向かって、「念仏をとなえても躍り上がって喜ぶような気持ちになれませんし、また急いで浄土に往きたいという思いも湧いてまいりませんが、いったいこれはどういうことなのでございましょうか」と尋ねたという。浄土教とは「厭離穢土、欣求浄土」をめざす宗派である。したがって、これは、本来あってはならない問いである。浄土教に帰依する者は、現世を厭い、ひたぶるに浄土を追い求めなければならないからだ。ところが、親鸞は、「この親鸞にもそういう不審の念があったのだが、唯円房よ、お前さんも同じ気持ちだったんだなあ」と述べて、唯円の不審を肯定する。そのうえで、親鸞は、念仏をとなえて浄土に往けるということはこのうえない喜びであるはずなのに、それを喜べないのは、わたしたちの心の奥底にはびこる煩悩のゆえである、かような煩悩を抱えこんでいるわたしたちのような者を救おうというのが、弥陀の本願なのだから、浄土に往きたくないと思っているわたしたちこそが、その本願の直接の対象となるのだ、と語る。そして、さらに親鸞はいう。「また、急いで浄土に往きたいという気持ちがなくて、少々病を患おうものなら、死んでしまうのではないかと心細く思うのも、煩悩のしわざである。久遠の過去から今までずっと流転してきたこの世は、懐かしい古里であるがゆえに、容易には捨てがたく、いまだ生まれていない安養浄土の方は恋しく思えないのは、そうとうに煩悩が強いからであろう。とはいえ、いくらこの世を恋しく思ってみても、娑婆世界の縁が尽き果てて、よんどころなく命が終わるとき、わたしたち凡夫は浄土に往くことができるはずである」と。

この第九条に関して注目すべきは、「娑婆世界の縁が尽き果てて、よんどころなく命が終わるとき、わたしたち凡夫は浄土へ往くことができる」という一節である。これによれば、親鸞は、わたしたちの命の灯が尽きるとき、すなわち臨終ののちに、わたしたちは浄土に往くのだ、と考えていたことになる。ここでは、往相廻向が還相廻向に先行するという認識が示され、さらに、浄土は死後の世界と目されている、といえよう。しかし、右に述べたように、いったん死んだ者が再び現世に戻ってくるという考え方は、いかにしても不合理性を免れえない。おそらく親鸞はその不合理性に気づいていたのであろう。気づきながらも、唯円の迷える魂を救うためにあえてそのような考えを披瀝したものと思われる。親鸞は、『末燈鈔』所収の第一書簡において、つぎのように述べている。

来迎は所行往生にあり、自力の行者なるがゆゑに。臨終といふことは、諸行往生のひとにいふべし、いまだ真実の信心を得ざるがゆゑなり。また十悪五逆の罪人の、はじめて善知識にあふて、すすめらるるときにいふことなり。真実信心の行人は、摂取不捨のゆゑに、正定聚のくらゐに住す。このゆゑに臨終まつことなし。来迎たのむことなし。信心のさだまるとき往生またさだまるなり。来迎の儀則をまたず。

親鸞と同時代の浄土教の信徒たちは、臨終の際、阿弥陀如来が二十五人の菩薩を引き連れて紫雲に乗って迎えにきて、人々を極楽浄土に摂め取ると考えていた。親鸞は、こうした臨終往生説を否定する。彼はいう。臨終往生とは自力の行者か、あるいは死に臨んで改悔する十悪五逆の罪人にとって必須となる事態であって、それは他力信心の人々には無用である。弥陀の本願に一切を委ねきる他力信心の人々は、弥陀の願力を信じようという心が起こった時点ですでに摂め取って捨てないという弥陀の誓いに与かって、まさしく往生することが定まった位に就くからである。他力信心の人々は、信心が定まった、その時点で、もはや往生が決定しているのだから、こと改めて臨終を待つ必要はない、と。これによれば、念仏をとなえたいという気持ちが起こった瞬間、すなわち信を得たその刹那に、わたしたちは浄土への途を約束されることになる。浄土への往生は臨終後に定まるものではない、と親鸞は主張していると見てよいであろう。ただし、この『末燈鈔』第一書簡は、信心を得た瞬間に往生への途が定まるとはいっているが、その瞬間にわたしたちがすでに浄土に到達しているといってはいない。ここには、浄土が死後の世界と認定されている可能性が残っている。親鸞はいまだ不合理性の軛を完全には脱していないといってもよいであろう。ところが、『末燈鈔』第一書簡を書いてから六年後、『一念多念文意』において、親鸞はつぎのように述べている。

真実信心をうれば、すなはち無碍光仏の御こころのうちに摂取して、捨てたまはざるなり。摂はおさめたまふ、取はむかへとると申すなり。おさめとりたまふとき、すなはち、時日をもへだてず、正定聚のくらゐにつき定まるを、往生を得とはのたまへるなり。

ここでは、浄土へ往くことが定まること、すなわち正定聚《しょうじょうじゅ》の位に就くことが、そのままただちに往生を得ることを意味するとされている。親鸞は生きながらにしての往生、いいかえれば、即得往生（本願寺第三世法主覚如のいう「不体失往生」）を説くのである。大乗仏教は、「煩悩即菩提」という立場に立つ。この世に在る煩悩にまみれた人間が、そのままの姿で覚りの境地に達することができるとするのである。親鸞は、こうした大乗仏教の思想を前提としながら、即得往生を説いているように見える。このように説くならば、親鸞はみずからの思想を不合理性から脱却させることができる。浄土は現世に存在し、生きながらにしてそこへと到達した者、すなわち往相廻向した者は、生身のままで還相廻向を遂げると考えることができるからである。しかし、『末燈鈔』第一書簡は、親鸞七十九歳のときに書かれたもので、『一念多念文意』は八十五歳のころの作である。『歎異抄』の著者唯円が親鸞に直接師事するようになったのは、親鸞八十四歳以降のこと、すなわち親鸞が関東に派遣した息男善鸞を義絶したのちのことと推定される。となれば、親鸞は、ほぼ同じ時期に、臨終後の往生（臨終往生説）と生きながらにしての往生（即得往生説）とを二つながらに説いていたことになる。これはあきらかに親鸞の矛盾である。この矛盾をどのように解釈すればよいのであろうか。親鸞思想に即して死後の世界の問題を考えるかぎり、この矛盾を避けて通ることは許されない。

3

わたしは、親鸞思想の右にあきらかにしたような矛盾の前に佇んでいたとき、田辺元の『懺悔道としての哲学』に出会った。一九四四年のこと、アジア・太平洋戦争の敗北が間近に迫り、国運日々傾くなかで、政府は言論統制を強め、国内の自由な議論を封殺していた。そうした情況のなかで、田辺は、京都帝国大学文学部教授としての立場から、政府の施策に対して諫言を試みようとした。しかし、戦時にあって政府に異論をとなえることは、国内の不和を内外にさらすことを意味する。田辺は諫言を遂行すべきか、それともこのまま政府の無能無策を黙過すべきかという煩悶に陥る。結局田辺はいずれの途をも選ぶことができなかった（消極的な形で、黙過する途を選んだというべきなのかもしれない）。その際、田辺は、己れの理性が七花八裂に分断され、何の権能も有しえないことを実感した。西田哲学を批判することをとおして田辺が獲得した「種の論理」という理性の哲学は、田辺の内面で完全に崩れ去ってしまった。田辺はもはや理性の力に基づいて哲学的な思索を遂行することができなくなった。彼は、そのような行詰りに直面した自己を懺悔し、すべてを放擲しようとした。無力無慚なる自己自身に耐えきれなかったのである。その刹那、田辺は不思議な体験をする。すなわち、彼は、理性を捨てたはずの自己が、他力の促しによって蘇生するのを感じたのだ。親鸞のいう「絶対他力」の思想が、いったん自力のうちに死んだ田辺を蘇らせ、彼をそれ以前とは異なる哲学へ、すなわち、「哲学ならぬ哲学」へと駆り立てたのである。田辺は、親鸞に導かれて、「死復活」の途を辿ったのだった。その「死復活」の道程をあらわに示す書が、一九四六年に公刊された『懺悔道としての哲学』にほかならない。

『懺悔道としての哲学』において、田辺は、懺悔道を「個人主義を、社会的協同の立場に具体化する」（全集第九巻、一〇頁）哲学と規定する。親鸞の往相還相二種廻向の思想は、田辺によれば、こうした規定を宗教的観点から具示するものにほかならなかった。田辺にとって、懺悔の自己放棄は、自己の行でありながらしかも同時に自己の行ではない（他力によって行ぜしめられるもの）という意味において、無の行でなければならない。すなわち、弥陀の本願の大悲（大慈悲心）

は、絶対無の働きとしての大非であり、そこに根ざした絶対的否定性によって、懺悔する自己が自己放棄的に絶対転換される、と田辺はいう（全集同右、二二一～二二三頁）。大悲が大非であるとともに絶対無の働きであるならば、それは、絶対なるもの以外の何ものでもない。しかも田辺によれば、絶対はかならず相対を媒介として立ち現われるものであり、相対の媒介なしに絶対が現実のただなかに発現すると考えることは、現実から遊離した神秘主義にすぎない。田辺は、こうした神秘主義を生涯にわたって徹底的に排拒する。彼が西田哲学を批判した理由の一つは、西田哲学が絶対（普遍者）と相対（個別者）とを無媒介に対応させる神秘主義に見えたからであった。田辺は弥陀の大悲（大非）たる絶対は、つねに相対たる具体的人間を媒介として現実世界に現出する、と主張する。この主張は、親鸞の往相還相二種廻向の思想によって、具体的にその妥当性を保証される。すなわち、往相を遂げた先進・先達の、還相に基づく後進への導きが、絶対の相対を媒介としての立ち現われとして、田辺によってとらえられる。こうした認識に立って、『懺悔道としての哲学』の田辺は、つぎのように述べている。

　本来相対は絶対に対するから相対なのであつて、此相互関係が無ければ絶対との区別もなくなつてしまふ。而してその相互関係は絶対に媒介せられて始めて可能にせられる。その相対の一方、救済の対象たるものは、他力救済の協力者たる者に対し、後進として指導教化を受ける限り先進者の還相を媒介とするのであつて、自らは往相的に救はれて後、更に他の後進相対者の指導教化に還相するといはなければならぬ。こゝに先後の秩序は兄弟のそれの如くに維持せられるのである。アリストテレスの友情や基督教の隣人愛などの如くに単なる平等ではなく、兄弟的先後の秩序が往還二相の間に存するのは甚だ珍とすべき具体的思想といはなければならぬ。併し同時に兄弟は先後の秩序を維持しつゝ而も同じ親の子としての平等を保つのであつて、相対も絶対に対しては一様平等なのである。過去と未来とが現在に於て相媒介する際には、逆転の方向が相即して交互態を形造るにより現在の永遠性が発揮せられる如くに、往相と還相とは単に前後の定まつた順序を有するのみならず、逆に還相に於て往相が証せられるといふ交互関係が存し、相対の先後は逆転せられる循環性をもつ。これが絶対媒介の具体相である。（全集第九巻、二五一～二五二頁）

アリストテレスの友情論やキリスト教の隣人愛においては、万人相互の無差別的愛が強調される。そうした無差別的愛に対して、親鸞のいう慈悲の精神は、救済関係に関して形式上の差別を認める。すなわち、親鸞の教えにおいては、先に往相廻向を遂げ浄土に至った者が現世へと還相して、いまだ弥陀の本願力による救済に浴していない人々を導くとされる。そこでは、救済における「兄弟先後の秩序」が強調される。しかし、田辺によれば、そのような先後の秩序は、相対相互の関係において認められるにすぎず、すべての相対者の絶対者に対する関係は、あくまでも平等であるという。田辺は、導き、導かれるという先後の秩序が信仰の現実性を保証するという認識に立っている。そのような現実性を有するがゆえのアリストテレスやキリスト教に対する親鸞の教えの優位を確認しながらも、田辺は、絶対者（弥陀）の愛（慈悲）のもとでの平等という考え方を親鸞の教えの根幹に見いだす。田辺によれば、往相も還相もともに絶対者（弥陀）の大慈悲心の具体的あらわれにほかならない。「南無阿弥陀仏」ととなえることによって弥陀の本願に与かること（往相）も、弥陀の大慈悲心を一身に体現しながら現世へと再帰していまだ救われていない人々を救うこと（還相）も、いずれも絶対者（弥陀）が相対者を催起することによって可能になる。したがって、絶対者（弥陀）が時間的先後関係を超えた存在であるとすれば、往相と還相とは先後の秩序を超えて相即するものということになろう。この点を踏まえつつ、田辺はこう考える。すなわち、往相が還相の前提となると同時に、還相において往相が証せられる、と。ここに、「往相即還相、還相即往相」という田辺独特の認識が成立する。

親鸞の著作や彼の思想の口伝（『歎異抄』など）は、彼に「往相即還相、還相即往相」という認識があったことを直接には伝えていない。しかし、この認識に立ったとき、親鸞思想の上述のごとき矛盾が氷解することを重く見るならば、親鸞がたとえ無意識のうちにではあれ、この認識を自己の内面に懐いていた可能性は高いと思われる。すなわち、往相がそのままただちに還相でもありえ、還相がそのままただちに往相でもありうるとすれば、わたしたちが生きながらにして往生を遂げているか、それとも、死後の世界で往生しているかということは問題にならない。その場合には、わたしたちは、生のさなかに往生しつつ還相を遂げると同時に、死後に在ってなお還相しつつみずからの往相を深めていることになるからである。たとえば、田辺は、『教行信証』を介して、親鸞から死後の還相を受けつつ己れの往相を深め、さらに己れの往相を深化させるさなかに『懺悔道としての哲学』などによって読者たちへの還相を果たす。そして、その還相は、読者たちの往相を深めるとともに、ほかならぬ田辺自身へと還ってきて、彼の往相のいっそうの深化を促す。田辺の往相と還相は、彼が生きているあいだの事柄にはとどまらない。彼は肉体の死後になお、遺された著作を媒介として多くの人々に還相し、かつはその還相において己れの往相をさらに深めるのである。

このように、親鸞に「往相即還相、還相即往相」という認識があったとすれば、彼が『歎異抄』で死後の往生を説きながらも、『末燈鈔』第一書簡や『一念多念文意』で生きながらにしての往生を説いたことは、何ら矛盾ではなくなる。親鸞の発想では、人は生きながらにして浄土へと往生すると同時に、死後に浄土へと到達することもありうる。往相廻向は生きているあいだに起こる事態であるとともに、死後に起こる事態でもありえた。還相廻向も同様である。親鸞は、即得往生と臨終往生とが無矛盾的に両立しうると考えたのではなかったか。ただし、親鸞がそのように考えたとしても、そのことは、彼が現世と浄土とを同一次元に重なり合うものと見ていたことを意味しているわけではない。大乗仏教の「煩悩即菩提」という認識は、一見、煩悩にまみれた凡夫が生身のままで現世において覚りを開くことを意味しているかのように見える。しかし、「即」によって煩悩とつながる「菩提」とは、厳密には現世の覚りではない。煩悩にまみれたままの自己に覚りを見いだすことができたとき、人は、自己が現世の通俗的な諸関係へのとらわれから脱皮していることを実感するに違いない。そのような人は、現世に在りながらも現世を一歩超え出《い》でた地点で、自我を空じているのだといってもよいであろう。親鸞のいう、わたしたちが生身のままで到達する浄土とは、現世そのものではなかった。それは、現世でありながらも現世を超えた、いわば意識上の「異界」であったといってもよいように思われる。

その「異界」は、現世の自我を空にし、無にした者が参入する世界である。それは、人間的生の系列を超えながらも、その系列と並存している。それは、おそらく時間をもつ世界ではない。そこにおいては、すべてが現在であり、過去と未来とはその現在のただなかに収斂していると見るべきであろう。しかし、その異界が人間的世界（現世）の側からとらえられるとき、それは、過去・現在・未来という時間性を帯びているかのように幻視される。それが、人間的世界（現世）の住人によって、すでに死んでしまった人々の世界として、あるいはこれから死にゆく人々の世界としてとらえられる所以である。ただし、親鸞の場合、現世の自我を空にするということは、自力では果たしえない事柄である。親鸞の考えでは、煩悩にまみれ、それゆえに悪しき者でしかありえない人間は、ひたぶるに弥陀の願力にすがらざるをえない。「南無阿弥陀仏」という口称の念仏に全霊を賭することによって、わたしたちは弥陀の本願に働かれつつ自我を空ずる、というのが親鸞の考え方であったように見うけられる。

4

親鸞思想に焦点をあてた如上の考察によれば、浄土は死後の世界ではない。それは、現世の時系列を超えて現世と並存する異界であり、往相還相二種廻向とは、わたしたちが生きながらにして、あるいは死後に、そこへと立ち至り、またそこから現世へと戻ってくるということを意味していた。わたしの妻は、死後に自分はお浄土に往き、阿弥陀様の懐に掻き抱かれると信じている。ほんとうに彼女が阿弥陀様の懐に抱かれるということがありうるのかどうか、定かではない。しかし、妻の考え方、感じ方は、親鸞思想の文脈に照らし合わせるかぎり、けっして間違ってはいない。わたしのような、心身に異状を抱えた者、すなわち、果て知れぬ鬱情態に苦しみ、心臓の病に難渋する者を日常的に支える営みは、還相廻向以外の何ものでもあるまい。妻は日々、わたしという愚劣な存在者に接することによって還相廻向を実践しているといってよいであろう。その還相廻向は、妻の往相廻向をいっそう深めるはずである。彼女が、阿弥陀様の導きで、すなわち本願力によって死後に往生を遂げると考えることは、親鸞思想の文脈から見て、間違っているどころか、むしろ、決定的に正しいとさえいえよう。しかし、それにもかかわらず、妻の発想に厳密さを欠いている部分があることは否めない。たしかに、死んだあと彼女は一直線に浄土に迎え取られるであろう。だが、彼女は、死んだあとにのみ浄土に往くのではない。彼女は、わたしや、認知症で足腰の不自由な義母（わたしの母）、さらにはいまだに独り立ちのできない娘たちへの還相廻向をとおして、彼女が生きているまさにこの現世において、異界としての浄土へといつもすでに到達しているのだ、というべきであろう。

わたしは、「死後の世界」のリアリティーを信じている。そのことのうちにわたしの宗教性の根幹がある。それを信じるかぎりにおいて、わたしは宗教者の末席を汚す者ともいえよう。しかし、わたしのいう死後の世界とは人間的世界の未来形ではない。すなわち、これからわたしがそこへと死にゆく世界としての死後の世界の存在を、わたしは信じているわけではない。わたしは、わたしたちが、日常的にそこへと往相し、そこから還相する異界の存在を信じているのだ。その異界を、わたしたちが時間性を帯びた日常のことばで表現するとき「死後の世界」という言説が成立する。あえて日常語の文脈に即して考えるならば、わたしは死後の世界を信じていることになる。わたしは、そういっているにすぎない。ただし、わたしの「信」は、盲目的な確信ではないと思う。もとより、煩悩にまみれ時には悪辣な言動さえ辞さないわたしの眼が曇っていることは否定できないであろう。だが、愚者たるわたしの凡庸な体験は、異界としての死後の世界が、己れの現実のなかに浸潤していることを示しているように思えてならない。

わたしはこの世に生を享けて以来、五十七年の歳月を過ごしてきた。その間、多くの近親者や知己を亡くした。祖父母や父、数名の友や、恩師などである。彼らの身体的存在は、いまや完全に消え失せ、わたしは実体としての彼らと二度とまみえることはない。だが、わたしにとって、彼らはけっして死に切ってはいない。たしかに、彼らの身体をわたしはもう目にすることができないけれども、彼らについての思い出は儼としてわたしの心のなかに息づいているからだ。十一年前に亡くした畏友阿内正弘の例を挙げてみよう。阿内正弘が上越線の夜行列車に乗ったまま帰らぬ人となったとき、わたしは、お通夜にも告別式にも参列し、弔辞を読み、さらに彼の骨を拾った。白骨と化した阿内正弘の肉体がもはや蘇りえないことを、わたしははっきりと認識している。事実、彼の骨を拾ったのち、彼のまったき姿を目にしたことはない。その意味で、彼はわたしが生きている世界からは完全に姿を消してしまったのだ。しかし、彼はわたしの心のなかにあまたの思い出とともに生きている。折に触れ、彼が語った哲学的なことばや興味深い冗談などが現世を生きるわたしの胸中に蘇り、わたしを考えさせ、楽しませてくれる。そんなとき、わたしは無意識のうちに阿内正弘に語りかけている。「難しい話だね」と、あるいは「楽しかったね」

と。それだけではない。現世での解決が困難な問題に直面し思案に暮れたとき、わたしは時としてもういないはずの彼に問いかけている。「阿内君、君ならどうする?」と。もちろん、そのように問いかけたところで、彼の肉声が実際に聞こえてくるわけではない。けれども、いくたびかの問いかけのなかで、たまたま啓示のようなものを受けることがある。たとえば、日曜の午後の他に誰もいない研究室にいるとき、「それはこういうことじゃないのか」という声にならぬ声がどこからともなく聞こえてくるような気がするのだ。阿内正弘は、思い出を介してわたしのなかに生き続け、時にわたしの考えようとする意志を奮い立たせてくれるのである。

思い出のなかに生き続けているのは阿内正弘ひとりではない。原爆症(白血病)で逝った西洋古典学の恩師柳沼重剛先生も、いまなお不断にわたしに語りかけておられる。先生は、「~的」「~性」という物いいを心底から嫌悪しておられた。プルタルコスなどの名訳で知られる先生は、日本語にもきわめて敏感な方だった。そんな先生の目には、「~的」「~性」という物いいは、指示内容を曖昧にさせる表現、書いている当人にもよく分からない事柄を分かったようにさせる魔術的なことばに見えたのであろう。わたしは、一度だけ、「~的」「~性」という表現を可能なかぎり避ける論文を書いたことがある(本書第五章の元原稿)。しかし、それらの表現を使わない論文を筋道だったものとして作りあげることは、ことばのセンスに欠けるわたしには至難だった。結局わたしは「~的」「~性」という物いいを一切しない論文を、いまだに書けないでいる。「死後の世界」と題するこの章でも、ずいぶんと「~的」「~性」という表現を使ってしまった。それを使うたびに、「論文は『~的』『~性』という表現を使わずに書くことによって始めて明晰になる」という先生のことばが蘇り、ワープロを打っているわたしの眼前に先生が姿を現わしたかのような感覚にとらわれる。わたしが国立大学の哲学教師として生き、したがって、一年間に数編の論文を書かなければならない定めにあるかぎり、先生はわたしの心のなかに生き続け、けっして端的には死なないであろう。否、恩師柳沼重剛先生についても畏友阿内正弘についても「死なない」という表現は適切ではない。たしかに身体的には彼らは死んでしまった、にもかかわらずわたしにとっては生きているというべきなのかもしれない。

すでに身体の面で滅び去ってしまったはずの人々がこれほどまでになまなましい現在性を以てわたしに迫り来る事実を顧慮するならば、わたしは、「異界」としての死後の世界を信ぜざるをえない。彼らは、異界としての死後の世界にいまなお在って、しばしば並存する世界としての現世に還相廻向という形で再帰して来る。わたしはそのように考えざるをえない。わたしは、彼らの還相廻向によって、住みづらいこの現世にかろうじて生きている。彼らの還相廻向は、わたしの往相廻向を可能にする。しかも、わたしが往相廻向の途をひた走ることによって、異界としての死後の世界に在る彼らは、身体的に滅び去ったいまにおいてなお、みずからの往相廻向を深めているのではないか。かりにこのような言説がわたしの妄想でしかないとしても、これだけはたしかである。すなわち、恩師柳沼重剛先生や畏友阿内正弘は、わたしが彼らを思い出すかぎり、完全には死にきっていない。彼らは、わたしの想いのなかに画然とした相貌を示しつついまだに生きているということだけは。だとすれば、わたしもまた肉体的に滅んだあとも、ある程度の期間死なないのではないだろうか。妻や娘たち、あるいは数名のわずかな弟子たちが、わたしの思い出を心中に懐き、時にわたしのことを想ってくれるかぎり、わたしは生き続ける。そう考えても、一概にわたしの妄想とはいえないように思われる。

しかし、わたしは、妻や娘たちや弟子たちに良き思い出を遺したとはいえないかもしれない。わたしは声を荒げて人を怒鳴りつけたり、不必要に尊大な態度をとったりする人間ではない。ごく常識的な範疇によって分類するならば、わたしは心やさしい男の部類に属するように思う。だが、わたしのやさしさは、他人への無関心、ないしは冷たさと裏腹な関係にある。わたしは、わたしに接する人々とのあいだにつねに一定の距離を置いている。この距離感が、わたしに接する人々にとって、わたしを「遠い人間」にしているように思えてならない。そういえば、わたしには、己れの心中をぶちまけてすべてをわたしに委ねようとする弟子はひとりもいない。妻や娘たちは別としても、弟子たちは、わたしとのあいだに温もりのある思い出をもたないかもしれない。だとすれば、わたしの死は、柳沼重剛先生や阿内正弘のような生き生きとした意味をもちえないであろう。わたしが、みずからの死後、弟子たちの心のうちで現在性を欠くとすれば、彼らはわたしのように異界としての死後の世界を信じることができないに違いない。死後の世界と宗教性とをめぐるわたしの思想は、こうして承け継ぐ者をもたない、孤独で惨めな思想となってしまう。しかし、それは、すべてわたしに原因のあることであり、他者を責めることはできない。「異界」としての死後の世界への確信は、かくしてわたしを励ましつつ、同時に絶望の淵へと投げ入れる。

結章　鬱を生きる

1

二年ほど前のこと、院生と教員とのパイプ役をする学生委員の准教授から、院生たちの一部に「月例会後の懇親会は精神的に大きな負担となるのでやめてほしい」という要望があるという話を聞いた。月例会とは、学期中に月に一度のペースで開かれる哲学・思想専攻倫理学分野の研究会のことであり、懇親会とは、研究会終了後に大学近くの居酒屋で行われる教員と院生たちとの交流会のことである。教員はわたしを含めて四名、院生は十名ほどである。懇親会の目的は、非日常的な空間を作り出して、教員と院生たちが日ごろのゼミではいえないことを語り合うこと、互いに心のうちをさらけ出し合って親睦を図ることにあった。月例会と懇親会とをセットで行う習慣は、倫理学分野の創設以来三十数年もの歴史をもつ。その間にはいろいろな事件が起こった。その日の研究会の発表者を教員が一方的に罵り、人格否定にまで及び、ショックを受けた発表者がその後の研究活動を断念するに至ったこと、あるいは、院生同士が互いに罵倒し合い、院生間に気まずい空気が醸成されて、それが倫理学分野全体の「和」をそこなってしまったこと等々である。わたしが筑波大学に赴任した十五年ほど前から、それらの事件についての反省に基づいて、懇親会を可能なかぎり和気藹々としたものにすべく、教員と院生たちが互いに気遣い合うようになり、懇親会はその日の研究発表をめぐる議論の場とはなっても、そこではけっして院生に対する人格攻撃などは行われなくなった。月例会が場所を移して、そのまま懇親会に移行する流れは、ごく自然なものとなっていたし、また、懇親会の場では、教員と院生とがある程度まで本音を語り合い、しかも互いの「和」はけっして無みされることがなかった。すくなくとも、わたしが赴任して以後の月例会と懇親会は、それぞれ一時間半ほどで終了する文字通りの「淡交」の場であった。懇親会での飲み代は、教員と院生とのあいだで割勘となる。それは二千円を大きく超えるようなことはなく、金銭的には適度な飲み会であったといえよう。教員たちが一次会で引き上げたあと、院生たちのあいだに何が起こったのかは知らない。しかし、すくなくともわたしには、教員と院生たちとの交流は大過なく円滑に進んでいるように見えた。その矢先、わたしは学生委員の准教授から院生のあいだに上述のような要望があると聞かされ、愕然とした。

まずは、わたしたち教員に何か非があるのか、と考えた。だが、四名の教員たちはいずれも比較的穏やかな性格の持ち主たちであるし、しかも、そのうちの一名はほとんど酒が飲めない。彼はつねに和やかかつ冷静に学生に対応している。別の一名は自動車による遠距離通勤者で、ほとんど懇親会につき合うことはないし、またたまに参加しても酒は飲まない。彼女もけっして声を荒げて院生を罵倒したりはしない。さらにもう一名は、生ビールの中ジョッキを三杯ほど空にするものの、飲み終わった途端その場で熟睡してしまう。わたしだけが、日本酒をちびりちびりと二合ほど飲みながら周囲に座った院生と雑談を交わすものの、人格攻撃はおろかほとんど学問的な話すらしない。そのような飲み会が研究生活を続けてゆくうえであまり意味がないという反応なら、わたしにも理解できないわけではない。ところが、一部の院生たちはそれが「精神的負担」になるという。わたしには、その「一部の院生たち」がほんとうのところ何をいいたいのか、皆目見当がつかなかった。学生委員の准教授と他の二人の教員は、そのような要望がある以上懇親会は中止した方がよいという判断だった。わたしひとりがそれに抵抗した。懇親会がなくなれば、教員が己れの学問的な立場や、院生時代以来受けてきた教育の成果を語る場がなくなり、哲学・思想専攻倫理学分野の学問的伝統を伝承することがむずかしくなってしまうと考えたからだ。教員たちの話し合いの場で、わたしは「負担に感じる院生は懇親会には出席しなくてもよい。しかし、教員と席をともにしたいと望んでいる院生もいるはずであり、そういう院生たちとは懇親会を続けるべきだ」と主張した。しかし、院生たちとの摩擦を嫌うわたし以外の教員たちは消極的だった。彼らは異口同音に「このまま懇親会を続行すればアカデミックハラスメントと受け取られかねない」と語り、わたしの続行案に反対した。わたしはやむをえず引き下がった。以来、倫理学分野ではたまたま院生主導の研究会は開かれるものの、懇親会が行われたことは一度もない。

わたしが、懇親会の中止に反対したのは、あることを危惧してのことだった。現在、大学の世界は極端な就職難にある。博士課程を修了し博士の学位を取得しても、専任教員の職はおろか非常勤講師の口すらないのが現状である。院生たちは出口の見えない情況のなかで、研究を続けることに大きな不安を懐いている。もし、教員との親睦会を中止すれば、その不安をぶつける機会がほとんどなくなってしまう。そのとき院生たちはどうすればよいのか。そもそも懇親会を精神的負担と感じる一部の院生自身が、そうした不安に打ちのめされているのではないか。だとすれば、このまま懇親会をやめてしまうことは、院生たちの孤立感を深め、場合によっては彼らを鬱情態に陥らせることにもつながりかねない。わたしはそう考えたのだった。わたしの危惧は的中した。その後一年ほどを経て、鬱情態に苦しみ研究の続行が不可能になる院生が数名ほど現われたのだ。不幸なことにそれは、いずれもわたしの弟子たちだった。近ごろの院生たちは、彼らだけで飲み会や食事会を開き、教員の悪口などをいい合って憂さを散ずる機会がほとんどないという。彼らは、互いに没交渉のまま生きている。そんな彼らが、将来の不安におののきながら、ひとりアパートの自室に閉じこもっていると、いったいどういう事態が出来するか、多年鬱情態に苦しんできたわたしには、そのことがおおよそ推測できたのだった。わたしは後悔した。他の教員たちがどうであれ、彼らの弟子たちがどういう考え方であるにしろ、わたしは自分の判断で伊藤ゼミの懇親会を年に何度か開くべきではなかったのか。わたしの弟子たちが強度の鬱情態に陥った原因は、ほかならぬ私自身の怠慢にあるように思えた。わたしは、そうした怠慢とみずからの不明を恥じたが、もはやどうにもならなかった。何人かの弟子たちが、あるいは引きこもり情態となり、あるいは将来への不安に押し潰されて大学院を去っていった。鬱が孤独と不安のなかで発症することが多いということ。このことを、二十数年来鬱に苦しんできたわたしは重々承知していたはずである。にもかかわらず、一部の院生の見当はずれともいうべき要望に気圧されて懇親会の中止に同意してしまったわたしの責任は重い。

　実は、二十数年来の鬱情態に苦しむわたしは、院生たちとの懇親会を苦手としていた。大学教授という職業に就いているかぎり、演習や研究会をなおざりにすることは許されない。日々の生活がどれほど憂鬱でも、わたしは、演習を中途で投げ出したり、研究会を欠席することはなかった。しかし、演習や研究会の場を離れてまで院生たちとつき合うことは、正直にいって荷が重かった。それでもわたしが懇親会に出席し続け、かつはそれをやめてほしいという声に反撥したのは、わたしという「個」が共同体の一員であり、そうである以上、他の「個」たちと互いに睦み合う関係を築きあげるべき義務があると判断したからだ。自身が鬱病であることは、己れを共同体から離れた個として孤立させてよいことを意味してはいない。否、むしろ鬱病であるからこそ他の個との睦み合いのなかで己れを自立させなければならない。わたしはそう考えていた。だからこそ、わたしは可能なかぎり明朗な自分を演出しつつ、気の重い懇親会に耐えていたのだった。懇親会を精神的負担として拒絶する一部の院生たちの言説は、そうしたわたしの忍耐に冷や水を浴びせかけるものだった。学生委員の准教授は、「一部の院生たち」が誰なのかをけっしてあきらかにしようとはしなかった。しかし、わたしには大方の察しがついていた。わたしは、彼（彼女）らの心情を疑問に思った。人の苦労が分からぬ者が今後教壇に立ってよいものかとさえ思った。だが、わたしもまた教員の端くれであるかぎり、院生たちへの疑念を燃やし、彼らを内心で批判するだけでことを済ますわけにはゆかない。将来への明るい見通しのない彼らが、孤立情態のなかで今後の生をどのように営んでゆくのか、わたしは心底から心配せざるをえなかった。共同体と無縁なままにひとり在る個などというものは、本質的にその存在が不可能なものだ。田辺哲学の研究をとおしてそのことを嫌というほど味わったわたしには、彼らが破滅の方向に向かって歩を進めているようにしか見えなかったのである。わたしは、彼らが頑なに閉ざされた心を開いて、再び懇親会という協同の場を構築してくれることを切に願った。しかし、その願いは虚しかった。上述のごとく、その後二年が経過したいまも、懇親会は開かれず、彼らは日一日と孤立の途をきわめつつある。

こうなってしまった以上、もはや打つ手はない。わたしとしては、自身が共同体との相応関係のなかでのみ個として在りうることに彼らが気づいてくれることをただ祈るばかりである。この書は、そうした祈りをこめて書かれた。懇親会を拒絶し、よほどの差し迫った用件がないかぎり教員たちの研究室を訪れることもなくなってしまった彼らに、鬱の危険性とそれを脱する途とをあらかじめ示唆しておくこと、そして、鬱情態に陥った人間の思索がどれほど苦渋に満ちたものであるかを彼らに示すことが、本書の目的の一つである。わたしは、いまこの書に一応の結論を与えるべきときにさしかかった。美しくかつ慈愛に溢れた文章を以て締め括りたいと念じはするものの、鬱の深みに陥ったままの己れの姿をさらけ出したこの書を美文によって書きおさめることはどうしてもできない。いまわたしにできることは、己れが鬱情態にとらわれながらもかろうじて生き続けることができたのはなぜかということを、数少ない読者に向かって、おぼろげながら示すことのみである。わたしは鬱を克服したわけではない。いまだに陰々滅々とした気分が日常的に心を支配し、自死を願う気持ちがどこからともなく湧きあがることさえある。それでもなお、わたしが生きていられるのはなぜなのか。そのことを、以下自己分析風に記すことを以て、本書のとじめとしたい。おそらく、その結論は、読者を慰藉するものとはなりえないであろう。若くして鬱に取り憑かれた読者のなかには、このようにして今後数十年を生きなければならないのかと思うと、絶望に打ち拉がれる者さえいるであろう。しかし、それでもなおわたしは語らざるをえない。鬱に支配されつつも、そこから懸命に逃れようと足掻きながら、どうにか生を保ってきたのが、わたしの後半生の偽らざる実情だからだ。

2

いま風の若者ことばを使うならば、「メル友」というのかもしれない。わたしは、大学院の一年先輩で、現在富山県の県立高等学校で教諭の職に就いている高木哲也氏と連日長いメールの交換をしている。昨日（二〇一二年五月一六日）付けのメールで、その高木氏が、氏の、いまは亡き恩師三枝充悳先生の貴重なことばを教えてくれた。いわく、「仏教でいう苦とは己れが己れを裏切ることなのだ」と。このことばは仏教の本質をえぐりだすものであって、これを日常の苦しみにあてはめてとらえることは妥当ではないかもしれない。三枝先生は強靭な精神の持ち主だった。インド学、仏教学から比較思想学にまで及ぶ先生の業績は膨大なもので、それらが心の強さなしには成し遂げられないものであることは歴然としている。先生が鬱に苦しまれた体験があろうとはとうてい考えられない。にもかかわらず、わたしは先生のことばは鬱の本質を鋭くつくもののように思う。鬱の根源には、現に在る自己と在るべき自己との葛藤があるからだ。わたしたち凡夫が鬱に苦しみ始めるきっかけは、いまこのように在る自己が、かく在って欲しい自己から乖離しているという意識が心底に生じるところにある。現実的自己が理想的自己からかけ離れていることに関する負い目のようなものを感じるとき、人は鬱にとらわれ始めるのだ。それは、現に在る自己が在るべき自己を裏切っているという感覚である。その感覚がやがて自罰の意識をもたらし、精神の内壁にこびりつくようなどす黒い悲しみを生み出す。この悲しみにとらわれたとき、すなわち鬱が心底を蔽い尽くしたとき、人はもはや理想をめがけて現に在る自己を鍛えていたころには戻れなくなってしまっている。高木氏が教えてくれた三枝先生のことばは、わたしには仏教にいう四苦八苦の本質に迫るものというよりも、むしろ鬱の本質を穿つもののように思えてならない。

他の鬱病者と同様に、わたしもまた、現に在る自己が在るべき自己を裏切ることを許すことができなかった。かく在らねばならないのにそうはゆかないという思いが、己れを激しく責める気持ちを生み、その気持ちに押し潰されるようにして、わたしは鬱の深みにはまっていった。このことは、理想的自己へと向かってどこまでも現に在る自己を鍛えあげてゆこうという心の強さがわたしに欠けていたことを意味する。大学の卒業論文を書いていたころに傾倒していたカントは、意志と道徳法則との完全なる合致を、どこまでも無限に続く進行においてのみ可能なものと見ていた。無限に続く進行とは、魂の不死が保証されないかぎりその実現が不可能な事態である。常識的に考えれば、わたしたちの魂は不死ではありえない。とするならば、カントのいう意志と道徳法則との完全なる合致、すなわち真の自由とは、実現性の危ぶまれる理念ということになる。それは不可能な理想といいかえてもよいであろう。カントはそうした不可能な理想に向かって人間が無限の努力を払うとき、人間性は次第に善き方向へ進んでゆくと考えたのであろう。理想に向かって無限の努力をなしうる人間とは、強い人間にほかならない。カントはその意味で、わたしたちに向かって「強者」たることを要請していると見てよいであろう。ところが、そうしたカントの思想に触れそれに共鳴しながらも、わたしはついに強者として生きることができなかった。それどころか、カントが掲げた理想に比べれば、芥子粒ほどのものでしかない小さな理想に向かって全霊を賭することすらできない弱者というのが、わたしの偽らざる実態である。この実態を見詰めるとき、わたしは思う。鬱の原因は弱さにある、と。しかもその弱さは、己れが己れに密着して離れられないという、いわば一種の妄執に根ざしている。理想的自己をめざしながらもそれを実現できない自己。その自己を突き放して客観的に眺める視座を欠くことによって、わたしたちは鬱に襲われ、それを取り返しがつかないほどに深めてしまうのではないか。自分が自分にくっついて離れられない弱さこそが、鬱を導き、さらにはそれを悪化させてしまう大きな原因であろう、といまのわたしは思う。本書において、わたしがデカルト以来の伝統的な「主観―客観」構造を再考すべき必要性を説いた所以である。

自己が自己を突き放して眺めるということは、「自分はせいぜいこんなものだ」と覚ることを意味する。理想的自己をめざしながらもどうしてもその実現可能性を見いだしえない自己。そのような自己を諦観を以て凝視する強さが、「自分などたいした生きものではない」という意識を生む。おそらく、そうした意識が、わたしたちが鬱に陥ることを防いでくれるのであろう。その意味で、鬱に落ちこまない人は強い人であり、わたしのような鬱病者は、決定的なまでに弱い人間である。弱さゆえに鬱に陥ってしまった人間が、多少なりとも鬱から距離を置くことができるとすれば、それは、憂鬱な自己を客観視する視座を獲得することによってでしかない。鬱々たる自己を、まるで他人ごとのように遠くから眺めること。そのことを可能にすることによって、わたしは自死を免れ、二十数年の時をかろうじて生き抜くことができたように思う。それを可能にするには、一種の「遊び」の精神が必要だった。いま鬱のさなかに呻吟する人々には、信じられないことかもしれない。彼らは、鬱に沈む己れを遊びの対象とすることなど不可能であり、また不謹慎でもあるというであろう。たしかに、鬱に沈む自己をお笑い芸人を見るように楽しく眺めることなどできはしない。鬱は深刻な病であり、けっしてお笑い草にできるようなものではない。しかし、鬱に陥った自己を苦笑を以て眺めることはできる。誰の作かは失念したが、「おい癌め酌み交わそうぜ秋の酒」という句があったと記憶している。作者は不治の病である癌と共存しつつ、残された人生を楽しもうという境地に立っている。その境地に達するまでにどれほどの苦悩があったか察するにあまりある。だが、いったんその境地に立ってしまえば、癌におののいていたそれまでの自己を苦笑とともに振り返ることができるのではないか。鬱も同じである。鬱を客観的に対象化し、それに取り憑かれた自己を「どうしようもない愚者」と認定するとき、わたしたちの口は多少の綻びを見せるのではあるまいか。わたしは、その綻びを「遊び」の精神に根ざすものと規定したい。

もとより、己れの鬱を楽しく遊ぶことなどできはしない。鬱を遊んでみたところで、そこにはかならず一抹の悲哀が漂い、下手をすればその哀感は鬱を増幅させかねない。鬱を遊ぶことには勇気が要る。鬱に沈む自己を客観視し、「どうしようもない愚かなやつ」として笑うことと、その「どうしようもなさ」に耐えることとは両立しない危険性があるからだ。しかし、あえてその危険を犯し己れについて苦笑する勇気をもつ以外に、鬱を掻き抱きながら、しかも平静に日常を生きる手立てはない。わたしは、そうした手立てを講じることによって、鬱に陥って以来の二十数年間をかろうじて生きてきた。鬱を苦笑の対象とすることには、勇気という若干の無理が伴う。真に勇気を発揮することができるのは、強い人だけであろう。本来的に自己自身につきまとう弱さゆえに鬱に陥った人に対して、勇気を出せということは、本質的に無理な注文というべきなのかもしれない。しかし、そうした無理な注文にこたえ、つねに憂鬱なる自己を笑う視点をもつことのみが、自死や投げ遣りな破滅への願望を捨て去って、心静かに鬱と共存する姿勢につながる。まずは「主観―客観」構造を再構築することによって、鬱なる自己とそれを眺める自己とを截然と区別し、後者が前者を苦笑を以てとらえる態度をとることこそが、鬱への常態的なとらわれから逃れる唯一の途なのだ。わたしは、二十数年来の己れの鬱体験を経て、いまはそのような考え方に立ち至っている。ただし、これは鬱病の治癒のための療法ではない。精神医療に関して無知なわたしが、鬱の療法に言及するのは笑止というものであろう。もし鬱が医学的に治癒可能な精神病であるのなら、医師の治療方針に従って適宜抗鬱剤を服用することが肝要になる。わたしは、薬に依拠する現代精神医学の療法に異をとなえるつもりはもうとうない。わたしは、現在なお日に二度抗鬱剤を服用しているし、導眠剤も飲んでいる。現代精神医学が、それなりの効力を発揮し、鬱に沈む者のその鬱をある程度まで軽減する権能を有していることを、わたしは素直に認める。だが、現代精神医学に頼りきり、ただ医師の助言と薬剤にすがるだけでは、鬱との共存を恒久的に果たすことはむずかしい。その困難さを克服する一つの方途が、自己客観化に伴う遊びなのだ、とわたしはいいたい。しかし、鬱と共存することを可能にするのは、自己客観化という自力の営みのみではない。人は、自力を尽くし抜いた果てにどうにもならない境地に立ち至ることが往々にしてある。そのとき、人は自己を超えた超越的な何ものかの姿を垣間見て、そこに向かって己れのすべてを投げ出そうとする。それは、ハイデガーの用語を借りて、被投的企投といってもよいであろう。あるいは、親鸞教学に従って、絶対他力といってもよいかもしれない。そのような被投的企投、絶対他力の姿勢を採りつつ、超越者に向かい合うとき、わたしたちは、自己客観化に伴う遊びの境地ではとうてい到達できなかったある種の深みに達し、その深みのなかで、はるか遠方にではあるが、鬱を克服しうる一つの方策を見いだすことができる。

3

すでにこの書で述べたように、わたしにとって向かい合うべき超越者となったのは、阿弥陀如来であった。精確には、『歎異抄』の親鸞をとおしてわたしは阿弥陀如来の本願力にすがったというべきであろう。もとより、このことは、鬱に苦しむすべての人々が阿弥陀如来の権能に依拠すべきことを意味しているわけではない。寄りすがるべき超越者は多様でありうる。神道の神々でもよいし、キリスト教やイスラム教の唯一神でもよい。ともかくも、己れの力をはるかに凌駕する絶対的ともいうべき超越者に向かい合い、その威令をしみじみと実感することが肝要なのだ。宗教を阿片として排拒する人々は、超越者の権能にすがろうとする態度を、科学性から逸脱した無知のあらわれとして、あるいは、人間的な弱さゆえの愚挙として嘲笑するかもしれない。わたしは、そのような人々、すなわち精神の世界における強者から投げかけられる非難をはね返そうとは思わない。彼らがいうとおり、わたしは、自分が無知で弱い人間なのだと思う。しかし、そうした無知で弱い人間であることが、そのままただちに生きるに価しない人間であることを意味するとは思えない。無知で弱い人間が、科学的な知識に秀でた強い人間を己れと同じ地平、もしくはそれ以下の次元に引き摺りおろし、怨恨感情を丸出しにして弱者の道徳的優位を高調するといった態度を、わたしは好まない。科学的な知識に秀でた強い人間は、おそらくわたしたち弱者の基準では測ることのできないすぐれた人々なのだ。鬱に陥った人々は、彼らの批判に反撥するよりも、むしろそれを甘受し、彼らとの対比のもとで自己の情けなさを徹底的に自覚すべきではないか、とわたしは思う。そして、彼らが情け容赦なく非難する弱さを、超越者がけっして見捨てないことを、鬱に陥った人々は熟慮のうえで認識し、超越者に深い感謝の念を捧げつつその面前に跪くべきではないだろうか。

わたしたち鬱病者は、現実的自己と理想的自己との乖離に絶望し、ともすれば自死によってその絶望感をかなぐり捨てようとする。しかし、自死を願うさなかに、超越者の存在を意識し、それが己れを生かしてくれていることに気づくならば、わたしたちは、新たな境地へと導かれるはずだ。わたしたちが自死を願ったのは、いまの己れがよりすぐれた者となりうるはずなのにそうはなれないという失望感を懐いたがゆえである。超越者のまなざしを意識すれば、そうした失望感は、一種の傲慢さのあらわれにしか見えなくなる。超越者の権能の前では、わたしたちは決定的に無力なのであり、そうした無力な人間が精神的な向上をめざすこと自体がそもそも傲慢な態度であったのだということが、わたしたちによって自覚される。そのとき、わたしたちは、謙譲と謙遜とのうちに生きることになるのではないか。わたしたちのような無力な弱者が生きることを許されている事実。超越者の絶大な力を思うことによって、わたしたちはこうした事実に直面する。そのとき、わたしたちは「ありがたい」という気持ちに蔽われるはずだ。わたしたちのように無力で弱い人間は、本来生きていてはならない存在者である。無力さ、弱さは、人間的共同体にも生物界にも何ら貢献せず、むしろそこで重荷となってしまうからだ。ところが、超越者は、そのようなわたしたちに呼びかけてくれる。「おまえのごとき者でも生きていてよいのだ」と。他者に対して何の貢献もなしえず、ただ重荷となっているだけのわたしたちも、穀物や動物などの他の命ある貴重な生きものを犠牲にして生きている。そのようなことは本来あってはならないはずだ。にもかかわらず、超越者はそうした愚劣きわまりない存在者であるわたしたちが生きて在ることを肯定してくれる。これほどにありがたいことがほかにあろうか。そのありがたさの前で、心底から頭を垂れるとき、わたしたちは、自死を願うどころか、逆に何としても生きねばならないという思いに立ち至ることであろう。鬱に取り憑かれながら生きることはつらい。しかし、そのつらい生が実はありがたいことなのだという思いをもつとき、わたしたちは鬱に苦しみながらもなお積極的に生きようとするであろう。

超越者の存在は、当然ながら実体化できない。したがって、自己客観化と鬱を遊ぶことまでは可能であっても、どうしても超越者の存在を主体的に信じることができないという鬱病者もいるであろう。そのような人々に向かってわたしはいいたい。無理に信じる必要はないのだ、と。なぜなら、超越者への信は、わたしたちの側から能動的に構築されるものではありえないからだ。親鸞は、信心とは阿弥陀如来から頂戴するものであるという。アウグスティヌスは、信仰とはキリストやパウロを媒介としつつ神からわたしたちに注ぎこまれたものだという。洋の東西の別なく、宗教性を成り立たせるのは、信の主体を超越者と見る発想にほかならないといってもよいであろう。わたしの見るところ、この世には、宗教性から完全に切り離された人間はいない。生命の神秘に接するとき、あるいは自然の猛威の前に慄然と佇むとき、わたしたちは、己れを超えた神秘的な力の存在を感得する。この世界の背後には何かとてつもなく巨大な者が実在するという思いが、わたしたちをとらえる。その思いこそ、宗教性の核をなすものといえよう。科学的な知性に信憑を置き、宗教を阿片として斥ける人々すらも宗教性をその心底に備えている。そうした人々は、在来の宗教を、人間を現実のしがらみのなかに押しとどめる悪魔の装置として批判しつつも、科学の正当性を「信仰」しているし、また、彼らは、分配が完全に平等化される社会の実現を希求するとき、倫理とその基盤としての宗教的なものが人間性の根底で発動されることを期待せざるをえないからだ。しかも、そうした、彼らの宗教性への心の傾斜は、彼らが主体的かつ能動的に示すものではない。それは、彼らの権能を凌駕する何ものかによって、受動的な形で彼らに与えられるものにほかならない。要するに、わたしたちはこの世の人間であるかぎり、すべからく超越者の側から超越者を信ずる方向へと駆り立てられている。そうであるかぎり、わたしたちは宗教性の獲得をめぐって、ことさらにその不可能性を強調したり、絶望したりする必要はない。遅速の別はあるかもしれない。しかし、わたしたちは、やがてかならず信じる方向へと駆り立てられる。そのとき、わたしたちは、超越者からの呼びかけの声を聞くことになろう。そして、その呼び声に聴従するとき、わたしたちは自己が生きて在ること自体のありがたさを身に沁みて感得することであろう。

わたしは、幼少期から、食事の前にかならず「いただきます」ととなえてきた。次第に惰性化してしまったそのとなえ言の意味を、青年期に至ってわたしは食事を作ってくれた母や食費を稼ぐために日夜働いてくれた父への感謝のことばととらえるようになった。しかし、それは表層的にはともかく根本的なところで間違っていた。鬱にとらわれつつも、自己客観化と超越者への聴従によって絶望の淵からはいあがった中年期のわたしは、そのとなえ言の真の意味が、わたしが生きるために犠牲になってくれた多くの動物や植物に対する感謝の念を表わすことにあることを知った。日々これほどに多くの生命体を犠牲にしながら、鬱にまつわる絶望のゆえに自死を願うことは、実は生命への畏敬の念を欠いた傲慢というものである。中年期のわたしは、浄土門の信徒である妻に教えられることによって、そのことを知った。爾来、食べているかぎり死ぬことは許されないという思いがわたしをとらえ続けた。わたしが、鬱に取り憑かれながらも、共同体ないし社会との対応関係のなかに在る独立した個としての責任をまがりなりに果たしえたのは、この思いに支えられてのことであった。このことを考慮するとき、わたしは妻への感謝の念を禁じえない。わたしは、妻の還相廻向によって往相廻向への途を辿っているといってもよいであろう。そして、いま、わたしは、みずからが生きながらにして還相廻向へと踏み出すべきときが来たと思う。一切の覚りえぬ衆生を教化するための還相廻向といえば、傲慢に、あるいは嫌味に聞こえるかもしれない。わたしは、己れの還相廻向が、いまだ救いに与かっていない人々を救済しうるなどとは、もうとう考えていない。わたしは、ただ、鬱にとらわれた者が、いかにして鬱と共存して生き続けることができたのかという実例を、わたしと同様に鬱に苦しむ人々の前であきらかにし、そうした人々に微かな慰藉をもたらすことができれば、己れの還相廻向は十全に果たされたことになる、と考えるばかりである。こうした還相廻向というにはあまりに卑小にすぎる目的を、本書が果たしえたかどうか、疑問が残ることは否定できない。しかし、いまは、鬱に取り憑かれてもなお生きることができるということを例示しえたことを以て、この書のささやかな成果と見なしておきたい。

（謝辞）　本書を閉じるにあたって四人の方に感謝の念を捧げておきたい。出版不況のさなかにもかかわらず本書の出版を快く引き受けてくださった北樹出版社長木村哲也氏、校正をしてくださったうえに様々な助言を与えてくださった同社取締役古屋幾子氏、ワープロ専用機で打ち出した原稿をコンピュータに入力してくれた筑波大学大学院の蓮沼直應君、日々メールで筆者を励ましてくださった高木哲也氏である。これらの方々の御尽力と御協力がなければ、本書は成らなかった。

［著者略歴］

伊藤　益（いとう　すすむ）

1955年　京都市に生まれる
1986年　筑波大学大学院博士課程哲学・思想研究科修了
（文学博士の学位取得）
現　在　筑波大学人文社会系教授
主要著書
『ことばと時間—古代日本人の思想—』（大和書房，1990年－1992年度和辻賞受賞）
『日本人の知—日本的知の特性—』（北樹出版，1995年）
『日本人の愛—悲憐の思想—』（北樹出版，1996年）
『「信」の思想—親鸞とアウグスティヌス—』（北樹出版，1998年）
『日本人の死—日本的死生観への視角—』（北樹出版，1999年）
『旅の思想—日本思想における「存在」の問題—』（北樹出版，2001年）
『親鸞—悪の思想—』（集英社新書，2001年）
『高橋和巳作品論—自己否定の思想—』（北樹出版，2002年）
『歎異抄論究』（北樹出版，2003年）
『愛と死の哲学—田辺元—』（北樹出版，2005年）
『危機の神話か神話の危機か—古代文芸の思想—』（筑波大学出版会，2007年）
『私釈親鸞』（北樹出版，2015年）
『私釈法然』（北樹出版，2016年）
『日本思想の論理』（北樹出版，2019年）

鬱《うつ》を生きる思想

2012年9月15日　初版第1刷発行
2021年3月30日　初版第2刷発行

著　者　伊　藤　　益
発行者　木　村　慎　也

・定価はカバーに表示　　印刷　新灯印刷／製本　新里製本

発行所　株式会社　北樹出版

http://www.hokuju.jp

〒153-0061　東京都目黒区中目黒1-2-6
TEL：03-3715-1525（代表）　FAX：03-5720-1488

ISBN 978-4-7793-0343-2

伊藤　益　著

日本人の知

日本的知の特性

哲学の立場から、倭歌の中に日本独特の「知」を追求し、古代的思推が感性的に体得することのうちに「知」の達成態を見出していることとともに「知る」ということの日本精神史上の意義を明らかにする。

四六上製　269頁　2600円（523-3）［1995］

伊藤　益　著

日本人の愛

悲憐の思想

現代日本の「愛」とは果たして真の意味での愛といえるのか。本書では、西洋的愛の概念を簡明に解説し、古代文学に見られる様々な例を精細に分析することにより、日本的愛の源流と特質を探ろうとした。

四六上製　266頁　2600円（576-4）［1996］

伊藤　益　著

日本人の死

日本的死生観への視角

人間の最も根源的な問題「死」に関して日本人は如何なる観念をもっていたか。生死連続観、無常観、浄土観、平家物語、武士道等を探索して、日本的生死観をさぐる。「知」「愛」に続く三部作の最終巻。

四六上製　256頁　2600円（708-2）［1999］

伊藤　益　著

「信」の思想

親鸞とアウグスティヌス

宗教性の核心をなす「信」という事態の内実と意義とを実存に密着する切実な問題として問う、親鸞とアウグスティヌスに即して論じ、自己の善性の相対性と不確実性を媒介する否定性という構造を省察する。

四六上製　232頁　2300円（658-2）［1998］

伊藤　益　著

旅の思想

日本思想における「存在」の問題

生きて在ることを旅になぞらえ、古代から近世に至る「旅の思想家」たちの「旅」をめぐる思念を明らかにしながら、日本思想における「旅」が「在ること」をめぐる原点であることに論究する注目の『存在論』

四六上製　264頁　2500円（796-1）［2001］

伊藤　益　著

愛と死の哲学

田辺元

徹底した利他行を求めて自己否定を意味する田辺元の「愛即死、死即愛」の思想は、自己正当化、自民族正当化がもたらした現在の危機打開のために今なお意義を持つ。理想論へ不断の実践を課す哲学者として論究。

四六上製　208頁　2500円（0017-7）［2005］

小松奈美子　著

医療倫理の扉

生と死をめぐって

現実の医療現場を念頭におき、そこで悩み苦しむ患者の立場からターミナル・ケア、がん告知、安楽死、臓器移植、不妊治療、出生前検診などの問題点に焦点を合わせて考える。貴重な資料を多数収録し平易に解説。

四六並製　200頁　1600円（993-X）［2005］

坂本百大・青木清・山田卓生　編著

生命倫理

21世紀のグローバル・バイオエシックス

人間と環境についてグローバルな視点から21世紀のバイオエシックスを考える。生命倫理上の問題の構造と取り組み方、解決方法等、各分野の最高水準の執筆者による知識の羅列ではないレベルの高い解説と論究。

A5上製　240頁　2500円（0004-5）［2005］